W0237173

Last minute

BACKEN

Last minute

BACKEN

Blitzschnelle Rezepte
für Kuchen, Kekse & Co.

CHRISTIAN

Inhalt

Warenkunde

Kleines Back-ABC

Von A wie „Alternative Süßungsmittel" bis Z wie „Zahnstochertest": Es gibt bestimmte Begriffe, die einem beim Backen immer wieder über den Weg laufen. Hier eine Übersicht über die wichtigsten Back-Basics.

Alternative Süßungsmittel

Zucker gehört zur Back-Basic-Ausstattung und eignet sich für Teige aller Art ideal. Für besonders feines Gebäck, zarte Cremes oder Frostings ist Puderzucker die perfekte Wahl. Er ist pulverfein gemahlen und löst sich ruck, zuck auf, ohne lange verrührt werden zu müssen.

Haushaltszucker und Puderzucker werden aus Rüben gewonnen. Eine gute Alternative ist der aus Zuckerrohrsaft hergestellte Rohrohrzucker. Da er in der Färbung recht hell ist und mild schmeckt, ist er für vielfältige Rezepte prima geeignet. Vollrohrzucker hat besonders wenige Verarbeitungsschritte hinter sich und ist daher für Clean-Eating-Rezepte eine gute Option. Er schmeckt angenehm vollmundig und nach Karamell.

Auch mit Dicksäften, Sirup oder Honig kann man backen – und sogar Kalorien sparen, da die Produkte ohnehin schon weniger Kalorien haben als Zucker und man wegen der höheren Süßkraft nur kleinere Mengen davon braucht. Und Stevia? Steviolglykoside selbst haben praktisch keine Kalorien, Stevia-Produkte wie Streusüße enthalten jedoch oft Füllmaterialien, die das Kalorienkonto sehr wohl belasten. Sie sind in der Regel zum Backen geeignet, schmecken aber etwas stumpf und nach Lakritz. Zuckeraustauschstoffe wie Erythrit oder Xylit entsprechen weitestgehend dem Geschmack von Zucker und lassen sich auch prima für Kuchen und Süßspeisen einsetzen.

Backformen-Tausch

Manchmal möchte man ein Blechkuchenrezept in der Springform backen. Oder ein Kastenkuchenrezept in der Springform mit Rohrboden. Oder eine kleine Torte vergrößern, weil mehr Gäste kommen. Das ist kein Problem! So einfach geht das Austauschen:

- Ein Backblech (42 x 35 cm) benötigt die 2,8-fache Menge einer normalen Springform (26 cm Ø)
- Um von einer kleinen Springform (20 cm Ø) auf eine normale Springform (26 cm Ø) zu kommen, multiplizieren Sie die Zutaten mit 1,7.

Einfach tauschen ohne langes Umrechnen können Sie:

- Runde Springform (26 cm Ø) und eckige Springform (24 x 24 cm)
- Kastenform (30 x 11 cm) und Springform mit Rohrboden (26 cm Ø)
- Gugelhupfform (22 cm Ø) und Springform mit Rohrboden (26 cm Ø)

Tipp Durch eine andere Form kann sich auch eine andere Backzeit ergeben. Daher bitte das Gebäck zum Ende der Backzeit im Auge behalten und eine Garprobe machen (siehe Zahnstochertest).

Backtriebmittel

Backtriebmittel machen den Teig luftiger und lassen ihn aufgehen. Dazu gehören Backpulver, Weinstein-Backpulver und Natron. In Backpulver sind Natron (wissenschaftlich Natriumhydrogencarbonat), Dinatriumphosphat als Säuerungsmittel und Stärke als Trennmittel enthalten. Weinstein-Backpulver besteht ebenfalls aus Natron und Stärke. Als Säureträger ist hier jedoch die natürliche Weinsteinsäure zugesetzt, die etwa bei der Herstellung von Sekt anfällt. Normales Backpulver enthält Phosphat, was in größeren Mengen Knochen und Zähnen schaden kann. Weinsteinsäure ist phosphatfrei. In der Küche wird Weinstein-Backpulver wie normales Backpulver verarbeitet. Auch Natron ist eine Option. Wer nur Natron für ein Rezept verwenden will, sollte zusätzlich eine säuerliche Zutat wie Buttermilch, Joghurt oder Zitrone zugeben, damit die chemische Reaktion der Teiglockerung einsetzen kann.

Backofen

Grundsätzlich sollte das Gebäck immer in den gut vorgeheizten Backofen geschoben werden. Ob Sie Umluft oder Ober-/Unterhitze wählen, hängt vom Gebäck ab. Windbeutel und anderes Brandteig-Gebäck lieben Umluft. Die Teilchen gehen damit schön auf und werden besonders knusprig. Wenn man mehrere Bleche gleichzeitig backen will, ist Umluft auch die ideale Wahl. Muffins hingegen können durch das Umluft-Gebläse „windschief" werden. Und auch Biskuit verträgt keine Umluft: Er wird trocken und brüchig und lässt sich schwer weiterverarbeiten, zum Beispiel zur Biskuitrolle aufrollen. Rührteig und Hefeteig sind unkomplizierte Teigarten und vertragen beide Beheizungsarten. In diesem Buch gehen wir in der Regel von Ober-/Unterhitze aus. Wenn Sie lieber mit Umluft backen möchten, stellen Sie die Temperatur 20–25 °C niedriger ein, da die Wärmeverteilung hier anders ist.

Eier

Eier gehören in viele Teige hinein. Sie sorgen für die Bindung der Masse. Am besten die Eier rechtzeitig vor Backbeginn aus dem Kühlschrank nehmen, denn mit zimmerwarmen Eiern gelingen die Teige besser. Rührteig zum Beispiel kann gerinnen, wenn kalte Eier zugegeben werden.

Nicht genug Eier im Haus? Dann können Sie ein Ei durch 1 EL Sojamehl plus 1 EL Wasser ersetzen. Auch die Mischung von 1 EL Mehl plus 1 EL Backpulver plus 2 EL Wasser funktioniert als Ei-Ersatz.

Eischnee

Wichtigste Regel für perfekten Eischnee: Es darf keine Spur von Eigelb im Eiweiß sein und Schüsseln und Rührstäbe müssen absolut fettfrei sein. Ist der Eischnee fest genug? Dieser Test verrät es: Mit dem Messer hineinschneiden – bleibt der Messerschnitt sichtbar, hat der Eischnee die ideale Konsistenz. Jetzt kann der Eischnee mit Creme oder Teig gemischt werden. Dabei immer nur locker unterheben, nicht rühren. Sonst würde die eingeschlagene Luft entweichen.

Und noch ein paar Tipps: Das Eiweiß sollte immer erst kurz vor der Verwendung steif geschlagen werden. Wenn das mit Zucker steif geschlagene Eiweiß länger steht, verliert es die Festigkeit, wird flüssig und lässt sich auch nicht noch einmal aufschlagen. Übrigens: Je frischer das Eiweiß ist, desto besser lässt es sich steif schlagen.

Gelatine

Gelatine ist eine wichtige Zutat, um Cremes und Füllungen Stand zu geben. Ohne ein entsprechendes Bindemittel würden Joghurt, Kompott oder Pudding einfach vom Kuchen laufen; er könnte nicht in Stücke geschnitten werden. Man rechnet 6 Blatt Gelatine auf etwa 500 ml/g Masse. Klassische Gelatineblätter müssen zunächst in kaltem Wasser eingeweicht und dann in einem kleinen Topf bei milder Temperatur geschmolzen werden. Eine schnellere Variante ist Sofort-Gelatine. Das Pulver kann man einfach direkt unter ständigem Rühren in die Flüssigkeit geben, bis es sich vollständig aufgelöst hat.

Eine rein pflanzliche Alternative für Gelatine ist Agar-Agar. Es ist zum Beispiel für Veganer ideal und in purer Form etwa im Reformhaus oder Bioladen erhältlich. Außerdem gibt es pflanzliche Geliermittel auf Agar-Agar-Basis, die im Supermarkt neben der Gelatine zu finden sind. Wichtig: Agar-Agar-Produkte müssen zusammen mit etwas Flüssigkeit immer mindestens 2 Minuten kochen, damit die Creme auch wirklich fest wird.

Mehl

Mehl wird im Handel von verschiedenen Getreidearten und mit unterschiedlichen Typenbezeichnungen angeboten. Die Typenbezeichnung gibt den Ausmahlungsgrad des Mehls an, wobei die jeweilige Typennummer den Mineralstoffgehalt in Milligramm pro 100 Gramm Mehltrockensubstanz kennzeichnet. Je höher ein Mehl ausgemahlen ist, je höher also die Typennummer, umso mehr mineralstoffhaltige Randschichten, Vitamine und Ballaststoffe enthält es. Für feine Kuchen und Torten verwendet man in der Regel Weizenmehl Type 405. Es besteht vor allem aus Stärke und Klebereiweiß und besitzt eine besonders gute Backfähigkeit. Weizenmehl Type 550 unterscheidet sich optisch kaum von Type 405, hat aber einen etwas höheren Ausmahlungsgrad. Es eignet sich wunderbar zum Backen von Hefeteig, Broten und Brötchen.

Dinkelmehl hat einen etwas kräftigeren Geschmack als Weizenmehl, besitzt jedoch ähnlich gute Backeigenschaften. Statt Weizenmehl Type 405 können Sie 1:1 also auch Dinkelmehl Type 630 verwenden.

Sahne

Süße Schlagsahne sollte zum Aufschlagen immer schön kalt sein. Erfahrene Hausfrauen stellen sogar die Rührschüssel und die Schneebesen vorher kalt. Falls Sie ein Handrührgerät verwenden, am besten am Anfang auf niedriger Stufe beginnen und dann langsam höher schalten. Bitte nicht zu lange schlagen, sonst kann es passieren, dass die Sahne gerinnt, also quasi zu Butter wird. Wenn Sie die geschlagene Sahne hinterher unter eine Masse heben möchten, damit diese voluminöser und fluffiger wird, brauchen Sie die Sahne nicht maximal steif zu schlagen. Eine halbfeste Sahne verbindet sich besser mit der Creme.

Zahnstochertest

Um zu prüfen, ob ein Rührteigkuchen fertig ist, bietet sich der Zahnstochertest bzw. die Stäbchenprobe an: Stechen Sie mit einem Holzstäbchen an der dicksten Stelle in den Kuchen. Ist das Hölzchen beim Herausziehen trocken und haftet kein Teig mehr daran, ist der Kuchen gar. Und wie ist es bei Biskuit? Drücken Sie sanft auf seine Oberfläche. Ein perfekter Biskuit fühlt sich nicht mehr feucht an und ist in der Krume weich und watteähnlich. Es sollte auch keine Druckstelle zurückbleiben und die elastische Oberfläche wieder hochkommen. Hefe- oder Quark-Öl-Teig einfach mit einem breiten Messer anheben. Ist die Unterseite des Gebäcks leicht gebräunt und trocken? Dann kann der Kuchen raus.

Der Kuchen ist noch nicht durchgebacken, aber oben schon dunkel? Dann einfach für die letzten Minuten mit einem Stück Backpapier abdecken.

Pimp your Cake!

Der einfachste und schnellste Kuchen kann richtig was hermachen, wenn er toll dekoriert wird. Keine Sorge, dazu müssen Sie nicht Unmengen an Zeit, Geduld und Geschick investieren. So geht es ganz einfach:

Früchte

Saftige, frische Früchte sind immer eine Augenweide. Und dazu noch so gesund! Immer attraktiv sind zum Beispiel Erdbeeren oder Himbeeren. Größere Erdbeeren kann man fächerartig einschneiden und dann auseinandergezogen andekorieren. Aber auch exotische Früchte wie in dünne Scheiben gehobelte Sternfrucht oder ganze Physalis (Kapstachelbeeren) in der Schale machen sich super auf Kuchen und Torten. Melonen- und Papayafruchtfleisch lässt sich mit einem Kugelausstecher in hübsche Kügelchen formen. Mit einem Sparschäler kann man hauchdünne Fruchtfleischstreifen abziehen, die schön drapiert sehr dekorativ aussehen. Immer ein Hit: die Kombination von Frucht und Schokolade. Dazu einfach Schokolade schmelzen, die Früchte halb hineintauchen und fest werden lassen. Eine weitere dekorative Variante sind gezuckerte Beeren. Dazu die Johannis-, Heidel- oder Erdbeeren abbrausen und noch feucht in Zucker wälzen. Das ergibt einen tollen „vereisten" Effekt!

Essbare Blüten

Farbenfrohe Blüten können nicht nur im Garten erfreuen, sondern auch Gebäck hübsch in Szene setzen. Bitte nur ungespritzte Blüten verwenden! Wer keinen eigenen Garten oder Balkon hat, bekommt essbare Blüten auch beim Blumenhändler oder auf dem Markt. Wunderbar geeignet sind zum Beispiel Rosen, Gänseblümchen oder Stiefmütterchen.

Lebensmittelfarbe

Es gibt zahlreiche verschiedene Lebensmittelfarben: in Pulver-, Pasten- oder Gelform zum Beispiel. Warum so viele Konsistenzen? Es gibt für jeden Anwendungszweck die richtige (und leider auch falsche) Farbe.

Für Teige und Marzipan: Flüssige Lebensmittelfarben (z. B. aus dem Supermarkt) sind für Teige und Marzipan prima geeignet. Sie sind auf Basis von Wasser hergestellt, günstig im Preis und praktisch in der Anwendung.

Für Fondant: Gel- oder Pastenfarben färben Fondant (aber auch Teige) perfekt ein. Pulverisierte Lebensmittelfarbe dagegen könnte Fondant trocken und rissig machen. Und Flüssigfarben wiederum lassen Fondant klebrig werden. In beiden Fällen wird es mit der Weiterverarbeitung schwierig.

Für weiße Schokolade: Weiße Schokolade stellt besondere Anforderungen an die Lebensmittelfarbe. Weder Gel- noch Pastenfarben, noch flüssige Lebensmittelfarben funktionieren richtig gut. Für Schokolade gibt es spezielle fettlösliche Farben, zum Beispiel auf Kakaobutterbasis.

Bunter Zucker

Bunter Zucker macht sicher super auf Kuchen, Torten, Keksen oder Sahnetuffs. Sie können ihn fertig kaufen (z. B. über das Internet oder in Feinkostläden) oder auch selbst machen. Wer auf Lebensmittelfarben verzichten möchte, kann hierfür auch ganz natürliche Zutaten verwenden. Das bringt nicht nur Farbe in den Zucker, sondern auch noch leckeren Geschmack. Die Basis sind jeweils 50 g normaler Zucker.

Für orangen Zucker Schale von 1 unbehandelten Orange fein abreiben und zusammen mit dem Zucker im Mörser zerstoßen.

Für grünen Zucker Blättchen von 2–3 Stielen Minze oder Basilikum abzupfen und zusammen mit dem Zucker im Mörser zerstoßen.

Für violetten Zucker 1 EL TK-Blaubeeren 2–3 Minuten antauen lassen. Dann mit dem Zucker im Mörser zerstoßen.

Für schokobraunen Zucker 1 TL Backkakao mit dem Zucker verrühren.

Karamell

Um Karamell selbst herzustellen, braucht man eigentlich nur Zucker, einen Topf und ein wachsames Auge. Zucker in einem Stieltopf aus Edelstahl bei nicht zu hoher Temperatur zu Karamell schmelzen lassen. Dabei nicht rühren, sondern den Topf nur etwas schwenken. Vorsicht: Karamell nicht zu dunkel werden lassen, er wird sonst bitter. Karamell in Ornamenten nach Wunsch auf einen geölten Bogen Alufolie geben und fest werden lassen. Alternativ Engelshaar aus dem Karamell zaubern. Dafür muss der Karamell eine Temperatur von ca. 150 °C (Zuckerthermometer!) haben, weil er dann zäher wird und beginnt Fäden zu ziehen. Jetzt mit einer Gabel lange Fäden herausziehen und zickzackartig über das Gebäck geben. Sieht spektakulär aus!

Fondant

Fondant ist eine feine, elastische und formbare Zuckermasse, die sich ausrollen, ausstechen und modellieren lässt. Egal, ob Sie einfach nur eine Torte mit der Masse umhüllen möchten oder ganz ambitioniert detailverliebte Schmetterlinge oder Krönchen formen wollen – der Fantasie sind keine Grenzen gesetzt! Fondant gibt es in den verschiedensten Farben zu kaufen und lässt sich nach Wunsch natürlich auch einfärben (siehe „Lebensmittelfarbe“).

Das große Schoko-Spezial

Widerstand zwecklos! Schokolade ist und bleibt ein Traum-Partner für Gebäck jeglicher Art. Sie schmeckt himmlisch, macht glücklich und verschönert das Selbstgebackene im Nu.

Große und kleine Raspel

Eine besonders schnell gemachte Schoko-Deko sind feine Raspel. Einfach die (am besten gut gekühlte) Zartbitterschokolade oder -kuvertüre mithilfe einer Küchenreibe fein raspeln. Alternativ mit einem Sparschäler von der Tafel oder vom Kuvertüreblock Raspel abziehen. Wer größere Röllchen oder Locken zaubern möchte, schmilzt die Schokolade zunächst über einem warmen Wasserbad und streicht diese dann zum Beispiel auf eine glatte Marmorplatte. Etwa 20 Minuten fest werden lassen und dann mit einem Metallspatel und leichtem Druck Röllchen bzw. Locken zusammenschieben. Sehr edel auf Torten!

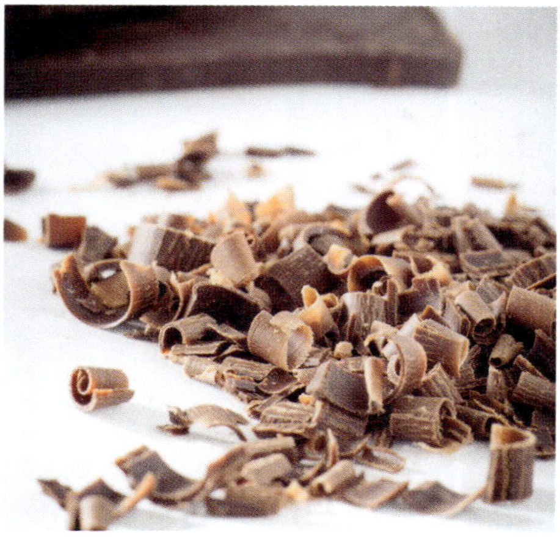

Schokoguss

Im Prinzip ist ein Schokoguss ganz schnell gemacht: Schokolade oder Kuvertüre grob hacken, in eine Metallschüssel geben, diese in ein warmes Wasserbad hängen und schmelzen lassen. Leider kann es aber passieren, dass der Guss nach dem Trocknen grau und stumpf wirkt. Oder dass die weiße Schokolade gerinnt. Hier die besten Tricks für den perfekten Schoko-Glow:

Trick 1 Das Wasserbad sollte nicht sprudelnd kochen, sonst wird's der Schokolade zu heiß. Etwa 60 °C Wassertemperatur reichen aus. Die Schokolade sollte nur lauwarm werden und die 40 °C auf keinen Fall überschreiten.

Trick 2 Nach dem Schmelzen die Schokolade vom Herd nehmen und ein wenig abkühlen lassen. Die perfekte Temperatur für die Weiterverarbeitung liegt bei Zartbitter-Schoki bei 30–33 °C, bei Vollmilch- und weißer Schokolade bei 30–32 °C. Liegt die Temperatur darunter, wird sie zu dickflüssig und lässt sich schwer verarbeiten.

Trick 3 Profis temperieren die Schokolade gerne, damit der Guss einen seidigen

Glanz bekommt. Dazu werden zuerst nur zwei Drittel der Schokolade im Wasserbad geschmolzen. Erst dann kommt das letzte Drittel hinzu, wodurch die Schokolade ein wenig abkühlt (ideal sind 26–28 °C). Jetzt noch einmal auf 30–32 °C erwärmen und weiterverarbeiten.

Trick 4 Auch Kokosfett verleiht der Schokolade einen schönen Glanz. Man rechnet auf 100 g weiße Kuvertüre etwa 25 g Kokosfett. Dunkle Schokolade kommt mit etwas weniger Kokosfett aus (15–20 g).

Trick 5 Sie brauchen nur eine kleine Menge Schokoguss? Dann einfach die in Stücke gebrochene Schoki in einen kleinen Gefrierbeutel füllen, verschließen und ins warme Wasserbad hängen. Eine kleine Ecke des Gefrierbeutels abschneiden, schon kann man nach Wunsch mit der Glasur dekorieren.

Schoko-Ornamente

Für dekorative Schoko-Ornamente wird die Schokolade zunächst geschmolzen. Dazu am besten wie unter Trick 5 beschrieben, die Schokolade in einen kleinen Gefrierbeutel füllen und im Wasserbad schmelzen. Inzwischen einen Bogen Back- bzw. Pergamentpapier oder eine Back-Unterlage vorbereiten. Auf der Papierrückseite kann man die gewünschten Motive auch mit einem Bleistift vorzeichnen, dann das Papier wenden. Nachdem die Schokolade geschmolzen ist, eine kleine Ecke des Gefrierbeutels abschneiden und die Ornamente auf das Papier oder die Unterlage spritzen. Fest werden lassen. Dann mit einem spitzen Messer vorsichtig von der Unterlage lösen. Wenn Sie die Ornamente nicht direkt verwenden und aufbewahren möchten, geben Sie diese auf dem Backpapier in eine gut schließende Plastikbox und bewahren sie für maximal 2–3 Wochen im Kühlschrank auf.

Schöne Rundungen: Wenn Sie gebogene Schoko-Ornamente herstellen möchten, spritzen Sie zunächst die geschmolzene Schokolade in einer Reihe angeordnet auf Backpapier. Mit dem Papier zum Beispiel auf eine Teigrolle legen und fest werden lassen.

Turbo-Teige für jede Gelegenheit

Diese beiden kurzen Basic-Teig-Rezepte für Mürbeteig und Hefeteig gelingen immer und gehen besonders schnell. Der Clou: Der Hefeteig kommt ohne Gehzeit aus und der Mürbeteig muss nicht gekühlt werden.

Turbo-Mürbeteig

5 Minuten + Backzeit | Für eine Springform (26 cm Ø) oder Plätzchen

200 g Weizenmehl Type 405
125 g kalte Butter
60 g Zucker
1 Pck. Vanillezucker
1 Eigelb

Tipp Damit der Mürbeteig sich beim Backen garantiert nicht »aufplustert«, können Sie ihn blindbacken. Dazu einfach einen Bogen Backpapier auf den ungebackenen Teig in der Form legen und dieses mit getrockneten Hülsenfrüchten beschweren. Boden dann zunächst 10–15 Minuten bei 200 °C backen, dann Backpapier und Hülsenfrüchte entfernen und den Teig in etwa weiteren 10 Minuten fertig backen. Die getrockneten Hülsenfrüchte können mehrfach zum Blindbacken verwendet werden.

1. Mehl, Butter in Stückchen, Zucker, Vanillezucker, Eigelb und 2 EL kaltes Wasser zunächst mit den Knethaken des Handrührgerätes verkneten. Dann mit den Händen zu einem glatten Teig verarbeiten.

2. Nun kann der Teig nach Belieben geformt und weiterverarbeitet werden. Für Plätzchen den Teig auf leicht bemehlter Arbeitsfläche mit einer bemehlten Teigrolle gleichmäßig ausrollen und mit den gewünschten Förmchen ausstechen. Plätzchen dann auf ein mit Backpapier belegtes Backblech legen und im vorgeheizten Backofen bei 200 °C (Ober-/Unterhitze) etwa 10 Minuten backen.

3. Sie können aus dem Teig auch eine Tarte machen. Der Teig reicht für eine Tarteform von 26 cm Ø. Dafür den Teig auf leicht bemehlter Arbeitsfläche mit einer bemehlten Teigrolle zu einem Kreis von 28 cm Ø ausrollen. Dann den Teig in die gefettete Tarteform legen. Vorsichtig am Boden und am Rand andrücken. Mit einer Gabel mehrmals einstechen. Im vorgeheizten Backofen bei 200 °C (Ober-/Unterhitze) etwa 20 Minuten goldgelb backen. Aus der Form lösen, auskühlen lassen und mit Früchten, Creme und/oder geschlagener Sahne füllen.

Turbo-Hefeteig

10 Minuten + Backzeit | Für 12–20 Teilchen

250 ml + 1–2 TL Vollmilch
½ Würfel Hefe
50 g Zucker
1 Ei
100 g Rapskernöl
500 g Weizenmehl Type 550
1 Pck. Backpulver
1 Prise Salz

Tipp 1 Dieser Hefeteig benötigt keine Wartezeit. Er kann sofort nach dem Kneten weiterverarbeitet und geformt werden. Seine Luftigkeit bezieht er aus der Kombination von Hefe plus Backpulver. Durch die Zugabe von Öl wird er schön geschmeidig und lässt sich wunderbar formen, ohne zu kleben.

Tipp 2 Wenn Sie das Eigelb nicht zum Bestreichen des Gebäcks brauchen, können Sie auch das ganze Ei in den Teig geben. Er gelingt dann auch wunderbar.

Tipp 3 Sie können aus dem Teig auch Hefezöpfe, Blechkuchen und weiteres Hefegebäck nach Wunsch zaubern.

1. Zunächst 250 ml Milch in einem kleinen Topf lauwarm erwärmen. Hefe und Zucker darin auflösen. Ei trennen. Eigelb zum Bestreichen beiseite stellen. Eiweiß und Öl zur Hefemilch geben. Mehl, Backpulver und Salz mischen und ebenfalls zur Hefemilch geben. Mit den Knethaken des Handrührgerätes in etwa 5 Minuten zu einem geschmeidigen Teig kneten.

2. Nun kann der Teig nach Belieben geformt und weiterverarbeitet werden. Er schmeckt neutral und passt sich sowohl herzhaften wie auch süßen Gebäcken wunderbar an. Für kleine Brötchen den Teig in etwa 20 Portionen teilen und rund formen. Beiseite gestelltes Eigelb und die restlichen 1–2 TL Milch glatt verquirlen und Brötchen damit bestreichen. Im vorgeheizten Backofen bei 200 °C (Ober-/Unterhitze) etwa 18 Minuten backen.

3. Für Buchteln den Teig in 12 Portionen teilen und zu flachen Kreisen drücken. Mit Marmelade, Pflaumenmus oder Früchten füllen und vom Rand her zu Kugeln zusammendrücken. Kugeln mit der Nahtstelle nach unten in eine gefettete, ofenfeste Form geben. Mit Eiermilch bestreichen. Im vorgeheizten Backofen bei 180 °C (Ober-/Unterhitze) 35–40 Minuten backen.

Rezepte

1 Teig – 10 Kuchen

Zitronenkuchen

»Sardische Art«

20 Minuten + 40 Minuten Backzeit | Für 24 Stücke

Für den Teig

2 unbehandelte Zitronen
250 g weiche Butter
200 g Zucker
2 Pck. Vanillezucker
1 Prise Salz
4 Eier
100 g Ricotta
350 g Weizenmehl Type 405
1 Pck. Backpulver

Für den Sirup

100 g Puderzucker

1. Backofen auf 175 °C (Ober-/Unterhitze) vorheizen. Zitronenschale fein abreiben. Früchte halbieren und Saft auspressen. Beides beiseite stellen.

2. Butter, Zucker, Vanillezucker und Salz cremig rühren. Eier einzeln unterrühren. Dann Ricotta und Zitronenschale zufügen. Mehl und Backpulver mischen und portionsweise in die Masse rühren. Teig auf ein mit Backpapier belegtes Blech streichen und etwa 40 Minuten backen.

3. Für den Sirup Zitronensaft, Puderzucker und 180 ml Wasser in einem Topf verrühren und etwa 10 Minuten auf die Hälfte einköcheln lassen. Kuchen aus dem Ofen nehmen und 5 Minuten ruhen lassen. Mit einem Holzstäbchen kleine Löcher in den noch warmen Kuchen stechen. Sirup in zwei bis drei Portionen darüber verteilen. Abkühlen lassen.

Variante Orientalischer Orangenkuchen

± 0 Minuten

2 unbehandelte Orangen
100 g Fruchtjoghurt
 (z. B. Orange-Mango
 oder Zitrone)
Mark von 1 Vanilleschote
1 TL Zimtpulver
½ TL Kardamompulver

1. Orangenschale fein abreiben. Früchte halbieren und Saft auspressen. Beides beiseite stellen.

2. Rührteig wie oben beschrieben zubereiten, dabei statt Ricotta den Joghurt und statt Zitronen die Orangenschale unterrühren. Gewürze mit der Mehl-Backpulver-Mischung verrühren und unterheben. Sirup wie oben beschrieben aus Orangensaft, Puderzucker sowie nur 130 ml Wasser kochen und über den noch warmen Kuchen verteilen.

Napfkuchen

aus Weihnachtsresten

15 Minuten + 45 Minuten Backzeit | Für 12 Stücke

Für den Teig

150 g Weihnachts-Leckereien (z. B. 100 g Plätzchen oder Lebkuchen, 25 g Schokolade und 25 g Walnusskerne)
100 ml Vollmilch
125 g weiche Butter
100 g Zucker
1 Pck. Vanillezucker
1 Prise Salz
2 Eier
125 g Weizenmehl Type 405
½ Pck. Backpulver

Außerdem

Fett und Semmelbrösel für die Form

1. Backofen auf 175 °C (Ober-/Unterhitze) vorheizen. Gebäck fein zerbröseln. Milch lauwarm erwärmen, über die Brösel gießen und ziehen lassen. Schokolade und Walnusskerne grob hacken.

2. Butter, Zucker, Vanillezucker und Salz cremig rühren. Eier einzeln gut unterrühren. Dann eingeweichte Brösel zufügen. Mehl und Backpulver mischen, portionsweise unterziehen. Zum Schluss Schokolade und Nusskerne unterheben. Teig in eine kleine gefettete und mit Semmelbröseln ausgestreute Napfkuchenform (ca. 650 ml) füllen und 45–50 Minuten backen. Dazu passt Schlagsahne oder Quarkcreme.

Variante »Vorratsschrank«-Kuchen

± 0 Minuten
2 Kartoffeln (ca. 200 g)
25 g Soft-Aprikosen
ca. 3 EL Vollmilch

1. Kartoffeln schälen, waschen, klein würfeln und in kochendem Wasser etwa 10 Minuten garen. Abgießen und zerstampfen. Aprikosen fein würfeln.

2. Butter, Zucker, Vanillezucker und Salz cremig rühren. Eier einzeln unterrühren. Dann Kartoffelpüree und Milch unterrühren. Mehl und Backpulver mischen und portionsweise unterrühren. Zum Schluss die Aprikosenwürfel unterheben. Wie oben beschrieben in eine vorbereitete Napfkuchenform füllen und backen.

Upside-Downies

mit Ananas und Karamell

20 Minuten + 25 Minuten Backzeit | Für 12 Muffins

Für die Ananas in Karamell
1 Baby-Ananas
100 g Zucker
1 EL Butter
4 EL süße Sahne

Für den Teig
125 g weiche Butter
100 g Zucker
1 Pck. Vanillezucker
1 Prise Salz
2 Eier
175 g Weizenmehl Type 405
½ Pck. Backpulver
ca. 5 EL Vollmilch

Außerdem
Fett für die Form

1. Backofen auf 175 °C (Ober-/Unterhitze) vorheizen. Ananas schälen, putzen und quer in dünne Scheiben schneiden. Scheiben vierteln. Zucker in einer weiten Pfanne schmelzen. Vom Herd nehmen. Erst Butter, dann Sahne unterrühren. Ananasscheiben in den Karamell geben. Etwa 2 Minuten bei schwacher Temperatur köcheln lassen. Je 2–3 Ananasstücke mit etwas Karamell in die gefetteten Mulden einer Muffinform geben.

2. Butter, Zucker, Vanillezucker und Salz cremig rühren. Eier einzeln gut unterrühren. Mehl und Backpulver mischen, portionsweise abwechselnd mit der Milch unter den Teig rühren. Teig auf den Ananasscheiben verteilen. Muffins 20–25 Minuten backen.

Variante Kirsch-Upside-Downies

± 0 Minuten
180 g TK-Sauerkirschen
12 TL brauner Zucker
20 g Pinienkerne

Kirschen antauen lassen. Teig wie oben beschrieben anrühren. Die 12 Mulden einer Muffinform fetten. Braunen Zucker darin verteilen. Kirschen und Pinienkerne hineingeben. Dann den Teig darauf geben. Muffins wie oben beschrieben backen.

Mayo-Cupcakes

mit Vanilla-Frosting

30 Minuten + 20 Minuten Backzeit | Für 12 Cupcakes

Für den Teig

125 g weiche Butter
100 g Zucker
1 Pck. Vanillezucker
1 Prise Salz | 2 Eier
100 g Mayonnaise
175 g Weizenmehl Type 405
½ Pck. Backpulver
2 EL Kakaopulver

Für das Vanilla-Frosting

175 g Puderzucker
400 g weiche Butter
½ Fläschchen Vanilleextrakt

Außerdem

Fett für die Form

1. Backofen auf 175 °C (Ober-/Unterhitze) vorheizen. Butter, Zucker, Vanillezucker und Salz cremig rühren. Eier einzeln gut unterrühren. Dann die Mayonnaise zufügen. Mehl, Back- und Kakaopulver mischen und portionsweise unter den Teig rühren. In die gefetteten Mulden einer Muffinform geben und 20–25 Minuten backen. Aus der Form lösen, auf einem Kuchengitter erkalten lassen.

2. Für das Vanilla-Frosting Puderzucker sieben. Butter damit mindestens 10 Minuten dickcremig weiß aufschlagen. Vanilleextrakt unterrühren. Frosting in einen Spritzbeutel füllen, Tuffs auf die Muffins spritzen.

Variante Mayo-Cupcakes mit Lemon-Curd-Frosting

± 0 Minuten

1 unbehandelte Zitrone
50 g Puderzucker
75 g weiche Butter
300 g Doppelrahmfrischkäse
5 EL Lemon Curd

1. Zitrone heiß abbrausen, trockentupfen und die Schale fein abreiben. Frucht halbieren und Saft auspressen. Teig wie oben beschrieben, aber ohne Kakaopulver und dafür mit Zitronenschale und Zitronensaft zubereiten. In die Muffinform füllen und backen.

2. Für das Frosting Puderzucker sieben. Butter damit in etwa 8 Minuten cremig aufschlagen. Frischkäse zufügen und alles noch 2 Minuten rühren. Zum Schluss Lemon Curd unterziehen. Frosting in einen Spritzbeutel füllen, Tuffs auf die Muffins spritzen.

Bananenkuchen

mit Karamell-Inseln

20 Minuten + 35 Minuten Backzeit | Für 12 Stücke

Für den Teig

2 reife Bananen
50 g Bananenchips
125 g weiche Butter
100 g Zucker
1 Pck. Vanillezucker
1 Prise Salz
2 Eier
175 g Weizenmehl Type 405
½ Pck. Backpulver
2 EL Vollmilch
125 g weiche Karamell-Bonbons

Außerdem

Fett für die Form
200 g süße Sahne
ca. 1 EL Karamellsirup, nach Belieben

1. Backofen auf 175 °C (Ober-/Unterhitze) vorheizen. Bananen schälen und mit einer Gabel zerdrücken oder pürieren. Bananenchips im Blitzhacker zerkleinern. Butter, Zucker, Vanillezucker und Salz cremig rühren. Eier einzeln gut unterrühren. Dann die pürierten Bananen zufügen. Mehl und Backpulver mischen und portionsweise abwechselnd mit der Milch unter den Teig rühren. Bananenchips unterheben. Karamell-Bonbons halbieren oder dritteln.

2. Teig in eine gefettete Springform (26 cm Ø) füllen. Karamell-Stücke darauf verteilen. Dann etwa 35 Minuten backen.

3. Sahne steif schlagen. Nach Belieben Karamellsirup in Schlieren unterziehen. Sahne zum Kuchen servieren.

Variante Bananen-Kuchen mit Schoko-Inseln

± 0 Minuten

50 g Zartbitterschokolade
4 EL Puderzucker
2 EL Kakaopulver
125 g Crème double
2–3 Tropfen Rum-Aroma (Fläschchen)

1. Rührteig wie oben beschrieben zubereiten und in die vorbereitete Springform füllen. Schokolade in 1 cm große Würfel schneiden und über den Teig streuen. Wie oben beschrieben backen.

2. Puderzucker und Kakaopulver mischen und sieben. Crème double aufschlagen, dabei Puderzucker-Mix und Rum-Aroma dazugeben. Zum Kuchen servieren.

Superfood-Boden
mit Açai und Beeren

20 Minuten + 20 Minuten Backzeit | Für 12 Stücke

Für den Boden
125 g weiche Butter
100 g Zucker
1 Pck. Vanillezucker
1 Prise Salz | 2 Eier
175 g Weizenmehl Type 405
½ Pck. Backpulver
25 g Chiasamen
ca. 3 EL Vollmilch

Für die Creme
250 g gemischte Beeren
3 EL Açai-Pulver
500 g Speisequark (20 % Fett)
2–3 EL flüssiger Honig
2 Btl. Sofort-Gelatine (à 15 g)

Außerdem
Fett für die Form
frische Beeren und Minzblättchen für die Dekoration

1. Backofen auf 175 °C (Ober-/Unterhitze) vorheizen. Butter, Zucker, Vanillezucker und Salz cremig rühren. Eier einzeln gut unterrühren. Mehl, Backpulver und Chiasamen mischen und portionsweise abwechselnd mit der Milch unter den Teig rühren. Teig in eine gefettete Obstbodenform (28 cm Ø) streichen und 20–25 Minuten backen.

2. Für die Creme die Beeren verlesen und mit Açai-Pulver pürieren. Quark, Honig und Sofort-Gelatine unterrühren. Creme auf den Obstboden streichen. Mit frischen Beeren und Minzblättchen dekorieren.

Variante Superfood-Boden mit Avocado

± 0 Minuten
3 kleine reife Avocados
4–5 EL Limettensaft
250 g Speisequark (20 % Fett)
2 g Matchapulver
gehackte Pistazienkerne

Rührteig wie oben beschrieben backen. Für die Creme Avocados halbieren, Kern entfernen und Fruchtfleisch aus der Schale lösen. Mit Limettensaft und Quark pürieren. Matchapulver und Sofort-Gelatine mischen, sieben und unter die Creme ziehen. Creme auf den Obstboden streichen. Mit gehackten Pistazienkernen dekorieren.

Kleine Küchlein
mit Roter Bete

20 Minuten + 20 Minuten Backzeit | Für 10 Stück

Für den Teig

200 g vorgegarte, vakuumierte Rote Bete
ca. 5 Tropfen rote Lebensmittelfarbe oder -paste
ca. 4 EL Haselnuss-Likör oder Haselnuss-Sirup
125 g weiche Butter
100 g Zucker
1 Pck. Vanillezucker
1 Prise Salz
2 Eier
175 g Weizenmehl Type 405
½ Pck. Backpulver
2–3 EL Vollmilch

Für den rosa Zucker

2 EL Zucker
2 Tropfen rote Lebensmittelfarbe

1. Backofen auf 175 °C (Ober-/Unterhitze) vorheizen. Rote Bete, Lebensmittelfarbe und Likör fein pürieren. Butter, Zucker, Vanillezucker und Salz cremig rühren. Eier einzeln gut unterrühren. Dann die pürierte Rote Bete unterziehen. Mehl und Backpulver mischen und portionsweise abwechselnd mit der Milch unter den Teig rühren. Teig in ca. 10 eckige Papier-Mini-Backformen (ca. 7 x 4 x 4 cm) füllen und etwa 20 Minuten backen. Herausnehmen und auskühlen lassen.

2. Für den rosa Zucker Zucker mit Lebensmittelfarbe im Blitzhacker fein zerkleinern. Küchlein damit bestäuben.

Variante Süße Rüben-Küchlein

± 0 Minuten
1 Karotte (ca. 100 g)
½ Pastinake (ca. 100 g)
Puderzucker zum Bestauben

Karotte und Pastinake schälen, putzen und fein raspeln. Teig wie oben beschrieben zubereiten, jedoch ohne Rote Bete. Zum Schluss die Rübenraspel unterheben. Teig wie oben beschrieben in eckige Papier-Mini-Backformen füllen und backen. Mit Puderzucker bestauben.

Mini-Gugels
mit Lakritz und Schokolade

20 Minuten + 2 x 10 Minuten Backzeit | Für 48 Stück

Für die Lakritz-Schoko-Sauce
75 g weiches Lakritz
50 g Zartbitterschokolade
125 g süße Sahne

Für den Teig
125 g weiche Butter
100 g Zucker
1 Pck. Vanillezucker
1 Prise Salz
2 Eier
175 g Weizenmehl Type 405
½ Pck. Backpulver

Außerdem
Fett und Mehl für die Form

1. Für die Lakritz-Schoko-Sauce Lakritz und Schokolade grob hacken. Sahne aufkochen und beides darin bei milder Temperatur unter Rühren schmelzen. In ein Schälchen füllen und abkühlen lassen.

2. Backofen auf 200 °C (Ober-/Unterhitze) vorheizen. Butter, Zucker, Vanillezucker und Salz cremig rühren. Eier einzeln gut unterrühren. Dann Lakritz-Schoko-Sauce unterziehen. Mehl und Backpulver mischen, portionsweise unterrühren. Teig in einen Spritzbeutel mit großer Lochtülle füllen.

3. Die 24 Mulden eines Minigugelhupf-Konfekt-Blechs fetten und mit Mehl ausstauben. Hälfte Teig hineinspritzen, dabei jede Mulde zu etwa zwei Drittel mit Teig füllen und etwa 9 Minuten backen. Herausnehmen, Gebäck kurz in der Form ruhen lassen, dann aus dem Blech lösen. Blech spülen, abtrocknen, fetten, mit Mehl ausstauben, Rest Teig in die Mulden spritzen und backen.

Variante Lila Marzipan-Gugels

± 0 Minuten
100 g kalte Marzipanrohmasse
violette Lebensmittelfarbe

Marzipanrohmasse raspeln, mit Butter, Zucker, Vanillezucker und Salz cremig rühren. Dann wie oben beschrieben Eier, Mehl und Backpulver unterziehen, aber keine Lakritz-Sauce. Zum Schluss den Teig mit violetter Lebensmittelfarbe lila einfärben. Teig wie oben beschrieben mithilfe eines Spritzbeutels in die Mulden eines Minigugelhupf-Konfekt-Blechs füllen und backen.

Kastenküchlein

»Clean Eating«

10 Minuten + 30 Minuten Backzeit | Für 2 Stück

175 g Emmer-Vollkornmehl
2 EL Raw-Kakaopulver (z. B. aus dem Bioladen)
2 TL Weinstein-Backpulver
1 Prise Salz
150 g Apfelmark
50 g weiche Butter
2 Eier
60 g Vollrohrzucker
Mark von 1 Vanilleschote

Backofen auf 175 °C (Ober-/Unterhitze) vorheizen. Mehl, Kakao-, Backpulver und Salz mischen. Apfelmark, Butter, Eier, Vollrohrzucker und Vanillemark glatt rühren. Trockene Zutaten zugeben und gut verrühren. Teig in 2 kleine Papier-Königskuchenförmchen (z. B. aus dem Drogeriemarkt; 15,8 x 5,5 x 5,5 cm) füllen und 30–35 Minuten backen. Herausnehmen und auskühlen lassen.

Variante Kastenküchlein »Low-Carb«

± 0 Minuten

60 g Kokosmehl
5 Eier
100 g Butter
100 g Erythrit (Zuckerersatz)

Kokosmehl, Weinstein-Backpulver und Salz mischen. 3 Eier trennen. Eiweiß steif schlagen. 3 Eigelb, 2 ganze Eier, Butter, Xucker und Vanillemark verrühren. Trockene Zutaten zugeben und gut verrühren. Eischnee unterheben. Teig in 1 kleine Papier-Königskuchenform füllen und wie oben beschrieben backen. Herausnehmen und auskühlen lassen.

Tassenkuchen
à la Nussknacker

5 Minuten + 2 Minuten Backzeit | Für 1 Tassenkuchen

Für den Teig
1 EL Butter
2 EL Vollmilch
1 Ei
2 EL Zucker
1 Pck. Vanillezucker
abgeriebene Schale von ½ unbehandelten Orange
3 EL Weizenmehl Type 405
1 Msp. Backpulver
1 Prise Salz
1 EL gehackte Nusskerne (z. B. Haselnuss- oder Mandelkerne)

Für das Topping
1 EL Schmand
1 TL Erdnusscreme
1 TL Puderzucker

1. Butter in einen Kaffeebecher (»Mug«) füllen und etwa 45 Sekunden in der Mikrowelle schmelzen. Milch und Ei zur Butter in die Tasse geben. Dann Zucker, Vanillezucker, Orangenschale, Mehl, Backpulver und Salz zufügen und mit einer Gabel gut verrühren. Gehackte Nusskerne unterheben.

2. Tasse auf eine Untertasse stellen und Kuchen in der Mikrowelle bei 800 Watt etwa 1 Minute und 15 Sekunden garen. Dann 1–2 Minuten ruhen lassen.

3. Für das Topping Schmand mit Erdnusscreme und Puderzucker glatt rühren. Als Klecks auf den Tassenkuchen geben, diesen noch warm genießen.

Variante Mug Cookie

± 0 Minuten
1 EL brauner Zucker
1 Eigelb
1 EL gemahlene Mandelkerne

1. Butter in einen Kaffeebecher (»Mug«) füllen und etwa 45 Sekunden in der Mikrowelle schmelzen. Zuerst braunen Zucker und Eigelb zufügen und mit einer Gabel gut verrühren. Dann Mehl und gemahlene Mandelkerne unterrühren.

2. Cookie in der Mikrowelle bei 800 Watt etwa 1 Minute und 15 Sekunden garen. Dann 1–2 Minuten ruhen lassen. Warm genießen.

Ganz ohne Backen

Apfel-Torte

mit Schoko-Ingwer-Boden

25 Minuten + 2–3 Stunden Ruhezeit | Für 12 Stücke

Für den Boden

1 Stück Ingwer (ca. 25 g)
135 g Zartbitterschokolade
80 g Vollkorn-Haferfleks

Für die Creme

6 Blatt weiße Gelatine
150 g Schmand
100 g Vanillejoghurt
150 g Apfelmark
50 g Puderzucker
150 g süße Sahne

Außerdem

Baby-Äpfel (Dose) zum Dekorieren

1. Ingwer schälen und fein hacken. Schokolade hacken und über einem warmen Wasserbad schmelzen. Mit Ingwer und Haferfleks mischen. Masse in eine mit Backpapier ausgelegte quadratische Springform (24 x 24 cm) drücken, kalt stellen.

2. Gelatine in kaltem Wasser einweichen. Schmand, Vanillejoghurt, Apfelmark und Puderzucker glatt verrühren. Gelatine tropfnass bei milder Temperatur auflösen, etwas Creme zufügen, dann diese Mischung unter die übrige Creme rühren. Sahne steif schlagen und unterheben. Creme auf den Boden streichen. Kuchen 2–3 Stunden kalt stellen. In Stücke schneiden und mit Baby-Äpfeln dekorieren.

Variante Apfel-Torte mit Hot-Chocolate-Boden

± 0 Minuten

2 rote Chilischoten
ca. ½ TL Chiliflocken aus der Mühle

Chilischoten abbrausen und trockentupfen. Schokolade wie oben beschrieben schmelzen. Chilischoten zur Hälfte in die Schokolade hineintauchen, für die Deko beiseite legen. Übrige geschmolzene Schokolade mit Haferfleks und Chiliflocken aus der Mühle mischen. Masse wie oben beschrieben in die Form drücken, kalt stellen und die Creme aus dem Hauptrezept daraufgeben. Kalt stellen. Mit den Schoko-Chilischoten dekorieren.

Milchreistorte

mit Grüner Grütze

30 Minuten + 2–3 Stunden Ruhezeit | Für 12 Stücke

Für die Milchreis-Füllung
6 Blatt weiße Gelatine
1 l Milch
225 g 8-Minuten-Milchreis
75 g Zucker
1 Stück unbehandelte Zitroneschale
200 g saure Sahne

Für den Boden
85 g Butter
70 g Zwieback
30 g gemahlene Mandelkerne
3 EL Zucker

Für die Grüne Grütze
1 Kiwi (ca. 100 g)
1 kleiner grüner Apfel (z. B. Granny Smith; ca. 100 g)
100 g helle Weintrauben
1 Pck. Gelierzucker ohne Kochen (185 g)

1. Für die Milchreis-Füllung Gelatine in kaltem Wasser einweichen. Milch aufkochen, Milchreis mit Zucker und Zitronenschale zugeben und bei milder Temperatur ca. 8 Minuten ausquellen lassen. Zitronenschale entfernen. Gelatine tropfnass in den Milchreis geben und gut verrühren. Etwas abkühlen lassen.

2. Inzwischen für den Boden Butter bei niedriger Temperatur schmelzen. Zwieback in einen Gefrierbeutel geben und mit der Teigrolle fein zerbröseln. Oder den Zwieback im Blitzhacker zerkleinern. Brösel, gemahlene Mandelkerne, geschmolzene Butter und Zucker mischen. Masse in eine mit Backpapier ausgelegte Springform (26 cm Ø) drücken. Saure Sahne unter den Milchreis ziehen. Milchreismischung auf den Boden streichen. 2–3 Stunden kalt stellen.

3. Für die Grüne Grütze Obst waschen bzw. schälen und klein schneiden. 200 g Früchte abwiegen und in ein hohes Gefäß geben. Gelierzucker zugeben und alles etwa 45 Sekunden mit einem Mixstab pürieren. Übrige Früchte in Stücken unterheben und Grütze auf der Torte verteilen.

Variante Milchreistorte mit Roter Grütze

± 0 Minuten
250 g gemischte Beeren (z. B. Erdbeeren, Himbeeren, Blaubeeren, Brombeeren und Johannisbeeren)

Milchreismasse und Boden wie oben beschrieben zubereiten. Für die Rote Grütze Beeren verlesen und abbrausen. 200 g davon mit dem Gelierzucker etwa 45 Sekunden pürieren. Übrige Beeren unterziehen und auf der Torte verteilen.

Smoothie-Tarte

mit Orangenzucker

35 Minuten + 2 Stunden Ruhezeit | Für 10 Stücke

Für die Creme
1 Pck. Zitronen-Götterspeisenpulver (zum Kochen für 500 ml Flüssigkeit)
300 ml gelber Smoothie (z. B. Mango-Maracuja)
3 EL Zucker
100 g Zitronenjoghurt
200 g süße Sahne

Für den Boden
125 g Butter
200 g Haferkekse

Außerdem
abgeriebene Schale von ½ unbehandelten Orange
40 g Zucker

1. Götterspeisenpulver, Smoothie und Zucker verrühren und 10 Minuten quellen lassen.

2. Inzwischen für den Boden Butter schmelzen. Haferkekse in einen Gefrierbeutel geben und mit der Teigrolle fein zerbröseln. Oder die Kekse im Blitzhacker zerkleinern. Mit der geschmolzenen Butter mischen und in eine rechteckige Tarteform (etwa 21 x 29 cm) drücken.

3. Götterspeise unter Rühren erhitzen (nicht kochen!), bis sich Pulver und Zucker gelöst haben. Joghurt unterrühren. Sahne steif schlagen und unterheben. Creme auf dem Boden verteilen und Tarte etwa 2 Stunden kalt stellen.

4. Orangenschale in einem Mörser zerstoßen. Zucker nach und nach einarbeiten. Tarte mit Orangenzucker dekorieren.

Variante Green-Smoothie-Tarte

± 0 Minuten
1 Pck. Waldmeister-Götterspeisenpulver (zum Kochen für 500 ml Flüssigkeit)
300 ml grüner Smoothie
10–15 Blätter frische Minze
50 g Zucker

Creme wie oben beschrieben mit Waldmeister-Götterspeisenpulver und grünem Smoothie zubereiten. Boden ebenso zubereiten. Minze abbrausen, gut trockentupfen und klein schneiden. In einem Mörser zerstoßen. Zucker nach und nach zugeben und einarbeiten. Tarte mit Minz-Zucker und nach Wunsch mit unbehandelten Limettenscheiben dekorieren.

Mango-Bombe

mit Schokopuffreis

35 Minuten + 2–3 Stunden Ruhezeit | Für 12 Stücke

Für die Creme

6 Blatt weiße Gelatine

250 g Schmand
100 g Doppelrahm-Frischkäse
3 EL Zucker
150 g süße Sahne
1 große Mango (ca. 500 g)

Für den Boden und die Deko

200 g Schokoladenpuffreis

1. Für die Creme Gelatine einweichen. Schmand, Frischkäse und Zucker verrühren. Gelatine tropfnass in einem kleinen Topf schmelzen. Etwas Schmandcreme in die Gelatine rühren, dann diese Mischung in die übrige Schmandcreme mischen. Sahne steif schlagen und unterheben. Mango schälen, Fruchtfleisch grob würfeln und pürieren. Mangopüree locker unter die Schmandcreme ziehen.

2. Eine kugelförmige Schüssel (20 cm Ø, etwa 1,5 l Inhalt) mit Frischhaltefolie auslegen. Schmandcreme hineinfüllen. Kalt stellen.

3. Zwei Quadrate Schokopuffreis beiseite legen. Rest grob hacken und unter Rühren über einem warmen Wasserbad schmelzen. Masse auf der Creme verteilen. Mit Frischhaltefolie abdecken und 2–3 Stunden kalt stellen. Stürzen. Beiseite gelegten Puffreis zerbröseln und auf die Bombe streuen.

Variante Schwarzwald-Bombe

+ 10 Minuten

100 g TK-Kirschen
50 g Gelierzucker 2:1
2 EL Kirschwasser
Sahnetuffs, Schokospäne und Kirschen zum Dekorieren

Für die Konfitüre gefrorene Kirschen, Gelierzucker und Kirschwasser unter Rühren aufkochen. Sobald die Kirschen aufgetaut sind, grob zerstampfen. Dann Konfitüre 3–4 Minuten sprudelnd kochen lassen. Abkühlen und fest werden lassen. Inzwischen Creme wie oben beschrieben zubereiten. Konfitüre locker unter die Creme heben. Wie oben beschrieben in eine Schüssel füllen und mit Schokopuffreis bedecken. Kalt stellen. Bombe dekorieren.

Joghurt-Tarteletts
mit Raw-Boden

20 Minuten + 35 Minuten Ruhezeit | Für 6 Stück

Für den Boden

100 g Soft-Feigen
75 g zarte Haferflocken
75 g gemahlene Mandelkerne
1 Prise Salz

Für die Füllung

100 g süße Sahne
150 g griechischer Joghurt
abgeriebene Schale von ½ unbehandelten Zitrone
1–2 EL flüssiger Honig
100 g Blaubeeren

1. Feigen in Stücke schneiden. Haferflocken, gemahlene Mandelkerne und Salz mischen. Alles portionsweise im Blitzhacker fein zerkleinern, bis eine leicht klebrige Masse entsteht. Masse in 6 Tartelettförmchen mit Hebeboden (à 9 cm Ø) drücken. Etwa 30 Minuten kalt stellen.

2. Inzwischen Sahne steif schlagen. Joghurt mit Zitronenschale und Honig glatt verrühren. Sahne unterheben. Creme in die Tarteletts füllen. Blaubeeren verlesen, ggf. abbrausen und darauf streuen.

Variante »Zickige« Tarteletts mit Raw-Boden

± 0 Minuten

75 g Soft-Aprikosen
25 g Soft-Datteln
1 EL + etwas Raw-Kakaopulver (z. B. aus dem Bioladen)
150 g Ziegenfrischkäse
2 Aprikosen (frisch oder Dose)

Soft-Aprikosen und Datteln klein schneiden. Wie oben beschrieben mit Haferflocken, gemahlenen Mandelkernen und Salz fein zerkleinern, dabei 1 EL Kakaopulver dazugeben. Masse in 6 Tartelettförmchen drücken. Ziegenfrischkäse, Zitronenschale und Honig verrühren. Geschlagene Sahne unterziehen. Creme in die Tarteletts füllen. Aprikosen in Würfelchen schneiden, über die Tarteletts streuen. Mit Kakao übersieben.

Vegan-Cheesecake
mit Himbeeren

30 Minuten + 2–3 Stunden Ruhezeit | Für 10 Stücke

Für die Creme
1 Dose cremige Kokosmilch (400 g)
2 Beutel pflanzliches Geliermittel (à 10 g; z. B. Agartine)
300 g Seidentofu
3 EL Agavendicksaft
250 g Himbeeren
100 ml Soja-Schlagcreme

Für den Boden
100 g vegane Margarine
30 g Vollrohrzucker
50 g gemahlene Mandelkerne
40 g gepuffter Quinoa
Mark von 1 Vanilleschote

1. Für die Creme Kokosmilch und pflanzliches Geliermittel in einem Topf verrühren, unter Rühren aufkochen und 2–3 Minuten köcheln lassen. Etwas abkühlen lassen.

2. Inzwischen für den Boden Margarine und Zucker unter Rühren schmelzen. Gemahlene Mandelkerne, Quinoa und Vanillemark untermischen. Masse in eine mit Backpapier ausgelegte Springform (24 cm Ø) drücken. Kalt stellen.

3. Seidentofu und Agavendicksaft glatt rühren und unter die Kokosmilchcreme heben. Himbeeren verlesen. Soja-Schlagcreme aufschlagen und mit 200 g Himbeeren unter die Creme heben. Creme auf dem Boden verteilen. Torte 2–3 Stunden kalt stellen. Mit übrigen Himbeeren dekorieren.

Variante Veganer Banana-Peanut-Cheesecake

± 0 Minuten
400 ml Soja-Kochcreme
100 g crunchy Erdnusscreme
2 reife Bananen
1 EL gehackte Erdnusskerne zum Dekorieren

1. Für die Creme Soja-Kochcreme, Erdnusscreme und pflanzliches Geliermittel unter Rühren aufkochen und 2–3 Minuten köcheln lassen. Abkühlen lassen.

2. Inzwischen Boden zubereiten und in die Form drücken. Bananen schälen und in dünne Scheiben schneiden. Auf dem Boden verteilen, kalt stellen. Seidentofu, Agavendicksaft und aufgeschlagene Soja-Schlagcreme unter die Creme heben. Auf dem Boden verstreichen und Torte 2–3 Stunden kalt stellen. Mit den Erdnusskernen dekorieren.

Lemon-Eismuffins
auf Baiserboden

15 Minuten + 3 Stunden Ruhezeit | Für 12 Stück

45 g Baiser-Tropfen
125 g süße Sahne
2 Eier
80 g Puderzucker
3 EL Zitronensirup (z. B. aus der Getränkeabteilung)
2 Zitronen
Zitronensirup und Minzblättchen zum Dekorieren

1. Baiser in einen Gefrierbeutel füllen, mit der Teigrolle grob zerbröseln und in die 12 Mulden einer Silikon-Muffinform verteilen. Sahne steif schlagen. Eier trennen. Eiweiß mit der Hälfte Puderzucker steif schlagen. Eigelb mit übrigem Puderzucker weißcremig aufschlagen. Zitronensirup zufügen. Eischnee und Sahne unterheben. Creme auf dem Baiser in den Muffinmulden verteilen.

2. Zitronen in dünne Scheiben schneiden. Mit einem Ausstecher die Schale entfernen. Jeweils eine Zitronenscheibe auf die Muffins legen. Mindestens 3 Stunden einfrieren. Etwa 10 Minuten vor dem Servieren aus dem Gefrierschrank holen. Jeden Eismuffin mit etwas Zitronensirup und Minzblättchen anrichten.

Variante Orangen-Minz-Eismuffins

± 0 Minuten

3 EL Orangensirup (z. B. aus der Getränkeabteilung)
1 Stängel frische Minze
2 Orangen
Orangensirup und Minzblättchen zum Dekorieren

Baiser wie oben beschrieben zerbröseln und in den Mulden einer Silikon-Muffinform verteilen. Creme wie oben beschrieben zubereiten, dabei aber statt Zitronensirup Orangensirup zufügen. Minze abbrausen, gut trockentupfen, sehr fein hacken und unter die Creme heben. Creme auf dem Baiser in den Muffinmulden verteilen. Orangen in dünne Scheiben schneiden und die Schale abschneiden oder mit einem Ausstecher entfernen. Jeweils eine Orangenscheibe auf die Muffins legen. Mindestens 3 Stunden einfrieren. Herausnehmen und mit Orangensirup und Minzblättchen anrichten.

Waffelturm
mit Vanillecreme und Kirschen

30 Minuten + 30 Minuten Ruhezeit | Für 2 Türme à 4 Waffeln

Für den Waffelteig
100 g weiche Butter
100 g Zucker
2 Eier
100 g Weizenmehl Type 405
50 g Speisestärke
½ TL Backpulver
150 ml Vollmilch

Für die Füllung
250 g süße Sahne
1 Pck. Sahnefestiger
1 Pck. Vanillezucker
200 g saure Sahne
75 g Amarenakirschen (Glas)

1. Butter und Zucker schaumig schlagen. Eier einzeln unterrühren. Mehl, Speisestärke und Backpulver mischen und portionsweise abwechselnd mit der Milch unterrühren. Anschließend aus dem Teig portionsweise 8 rechteckige Waffeln backen.

2. Sahne mit Sahnefestiger und Vanillezucker steif schlagen. Saure Sahne glatt rühren, dann unter die Sahne ziehen. Masse, bis auf 4 EL, in einen Spritzbeutel mit großer Lochtülle füllen. Amarenakirschen gut abtropfen lassen. Jeweils 4 Waffeln, Creme und Amarenakirschen zu einem Turm aufschichten. Mit übriger Creme, Amarenakirschen und etwas Amarenasirup verzieren. 30 Minuten kalt stellen.

Variante Tropischer Waffelturm

± 0 Minuten
4 EL Kokosraspel
1 Dose tropischer Fruchtcocktail (250 g)
Physalis mit Schale und Kokoschips zum Dekorieren

Waffeln wie oben beschrieben backen. Creme wie oben beschrieben anrühren, dabei noch die Kokosraspel einarbeiten. Fruchtcocktail aus der Dose gut abtropfen lassen. Waffeln, Kokoscreme und Fruchtcocktail wie oben beschrieben zu 2 Türmen aufschichten. Mit übriger Creme, Physalis und Kokoschips verzieren.

Amaretto-Würfel
mit Schoko-Topping

30 Minuten + 2–3 Stunden Ruhezeit | Für 34 Stück

Für den Boden

80 g Amarettini-Kekse
80 g Butterkekse
120 g Butter
2 EL gemahlene Mandelkerne

Für die Creme

12 Blatt weiße Gelatine
150 g kalte Marzipan-rohmasse
500 g Vollmilchjoghurt
5 EL Amaretto (alternativ Mandelsirup)
400 g süße Sahne

Für das Topping

100 g Zartbitterschokolade
30 g Kokosfett
100 g süße Sahne

1. Für den Boden Amarettini und Butterkekse in einen Gefrierbeutel geben und mit dem Nudelholz fein zerbröseln. Butter schmelzen und mit Keksbröseln und gemahlenen Mandeln mischen. In eine mit Backpapier auslegte quadratische Springform (24 x 24 cm) drücken.

2. Für die Creme Gelatine einweichen. Marzipan reiben. Marzipanraspel, Joghurt und Amaretto fein pürieren. Gelatine auflösen. Etwas Creme unterrühren, dann diese Mischung unter die übrige Creme rühren. Sahne steif schlagen und unter die Creme heben. Auf den Boden streichen. 2–3 Stunden kalt stellen.

3. Schokolade und Kokosfett grob hacken. Mit der Sahne in einen Topf geben und unter Rühren schmelzen. 15–20 Minuten abkühlen lassen, dabei öfter umrühren. Kuchen in Würfel schneiden. Mit Schokosauce servieren.

Variante Mandarinen-Mohn-Würfel

± 0 Minuten

2 Dosen Mandarin-Orangen (Abtropfgewicht à 175 g)
1 Pck. backfertige Mohn-füllung (250 g)

Boden wie beschrieben zubereiten und in die Springform drücken. Mandarin-Orangen abtropfen lassen. Für die Creme Gelatine in kaltem Wasser einweichen. 300 g Joghurt und Mohnfüllung verrühren. Gelatine tropfnass bei milder Temperatur auflösen. Etwas Creme unterrühren, dann diese Mischung unter die übrige Creme geben. Sahne mit der Hälfte Mandarin-Orangen unter die Creme heben. Auf den Boden streichen und kalt stellen. Mit übrigen Mandarin-Orangen verzieren.

ENJOY

Schnelle Brote und Brötchen

Buttermilch-Brot
mit Gouda und Thymian

15 Minuten + 35 Minuten Backzeit | Für 1 Brot

350 g Weizenmehl Type 550
½ Pck. Backpulver
1 TL Salz
1–2 Petersilienwurzeln (ca. 100 g)
100 g Gouda
2 EL gerebelter Thymian
250 g Buttermilch
1 EL flüssiger Honig
Mehl zum Bestauben

1. Backofen auf 200 °C (Ober-/Unterhitze) vorheizen. Mehl, Backpulver und Salz mischen. Petersilienwurzeln schälen, putzen und fein raspeln. Gouda ebenfalls fein raspeln. Beides unter das Mehl ziehen, dann Thymian untermischen.

2. Buttermilch und Honig verquirlen, Mehl-Mischung zugeben und alles am besten mit der Küchenmaschine zu einem glatten Teig verkneten. Teig in eine mit Backpapier ausgelegte Einweg-Backform (z. B. aus Lindenholz) füllen. Mit einem scharfen Messer mehrmals einritzen und leicht mit Mehl bestauben. Dann 35–40 Minuten goldbraun backen. Brot herausnehmen und auf einem Rost auskühlen lassen.

Variante Karotten-Cheddar-Brot

± 0 Minuten

1 Karotte (ca. 100 g)
100 g Cheddar

Teig wie oben beschrieben zubereiten. Statt Petersilienwurzel aber geraspelte Karotte und statt Gouda geriebenen Cheddar einarbeiten. Wie oben beschrieben formen und backen.

Brötchen-Rad

mit vier Varianten

20 Minuten + 20 Minuten Backzeit | Für 20 Brötchen

Für den Teig

250 ml Vollmilch
½ Würfel Hefe
50 g Zucker
1 Ei
100 g Rapskernöl
500 g Weizenmehl Type 550
1 Pck. Backpulver
1 Prise Salz

Für die Varianten

50 g Soft-Aprikosen
50 g gehackte Mandelkerne
50 g Rosinen
50 g Schokotröpfchen

Außerdem

Mehl für die Arbeitsfläche
1 EL süße Sahne

1. Backofen auf 200 °C (Ober-/Unterhitze) vorheizen. Milch lauwarm erwärmen. Hefe und Zucker darin auflösen. Ei trennen. Eigelb beiseite stellen. Eiweiß und Öl zur Hefemilch geben. Mehl, Backpulver und Salz mischen und ebenfalls zugeben. Mit den Knethaken des Handrührgerätes zu einem geschmeidigen Teig kneten.

2. Teig auf bemehlter Arbeitsfläche durchkneten und in 4 Portionen teilen. Soft-Aprikosen in kleine Würfel schneiden. Jeweils ein Teigviertel mit Aprikosen, Mandelkernen, Rosinen und Schokotröpfchen verkneten. Aus jedem Teigstück 5 runde Brötchen formen. Brötchen auf einem mit Backpapier belegten Backblech zu einem Brötchenrad legen. Eigelb mit Sahne verquirlen, Brötchen damit bestreichen und etwa 20 Minuten backen.

Variante Herzhaftes Brötchen-Rad

± 0 Minuten

30 g Mohnsamen
30 g Röstzwiebeln
30 g Sesamsaat
50 g geriebener Käse

Teig wie oben beschrieben zubereiten. In 4 Portionen teilen. Jeweils ein Teigviertel mit Mohn, Röstzwiebeln, Sesam und geriebenem Käse verkneten. Wie oben beschrieben Brötchen daraus formen, zu einem Rad legen und backen.

Süße Stullen
aus dem Ofen

25 Minuten + 30 Minuten Backzeit | Für 4 Portionen

8 Scheiben altbackener Rosinenstuten (400–500 g)
50 g Erdbeerkonfitüre
50 g Orangenmarmelade
40 g Butter

Für die Vanillesauce
200 g süße Sahne
200 ml Vollmilch
4 Eigelb
40 g Zucker
1 Pck. Vanillezucker

Außerdem
2 EL Zucker
½ TL Zimtpulver
evtl. Puderzucker zum Bestauben

1. Zuerst 2 Stutenscheiben mit Erdbeerkonfitüre und 2 mit Orangenmarmelade bestreichen. Übrige Scheiben mit Butter bestreichen, darauflegen und die Brote diagonal halbieren. Mit der Spitze nach oben in eine Auflaufform schichten.

2. Backofen auf 175 °C (Ober- und Unterhitze) vorheizen. Für die Vanillesauce Sahne und Milch erhitzen (nicht kochen!). Eigelb, Zucker und Vanillezucker hellcremig aufschlagen. Die heiße Sahne-Milch-Mischung in dünnem Strahl einrühren. Alles zurück in den Topf gießen und bei milder Temperatur rühren, bis die Sauce andickt. Sauce über das Brot gießen, 5 Minuten ziehen lassen. Zucker und Zimt mischen und Brote damit bestreuen. Dann 30–35 Minuten backen. Evtl. mit Puderzucker bestaubt servieren.

Variante Arme Stollenritter mit Vanillesauce

± 0 Minuten
2 Eier
100 ml Vollmilch
50 g Zucker
¼ TL Zimtpulver
6 Scheiben altbackener Christstollen
50 g Butter

Eier, Milch, Zucker und Zimt glatt verquirlen. Stollenscheiben darin wenden. Butter portionsweise erhitzen und die Stollenscheiben bei nicht zu hoher Temperatur von jeder Seite 4–5 Minuten braten. Vanillesauce wie oben beschrieben zubereiten, aber nur 150 g Sahne und 150 ml Milch nehmen. Vanillesauce zu den Rittern servieren.

Brotrolle

mit mediterraner Füllung

15 Minuten + 45 Minuten Backzeit | Für 1 Brot

Für den Quark-Öl-Teig

500 g Weizenmehl Type 405
1 Pck. Backpulver
1 TL Salz
250 g Magerquark
3 Eier
170 ml Olivenöl

Für die Füllung

3–4 EL Pesto
100 g getrocknete Tomaten (in Öl)
50 g schwarze Oliven ohne Stein
100 g Schinkenwürfel

Außerdem

Mehl für die Arbeitsfläche
Fett für die Form
etwas Milch zum Bestreichen
etwas grobes Kräutersalz zum Bestreuen

1. Backofen auf 180 °C (Ober-/Unterhitze) vorheizen. Mehl, Backpulver und Salz in einer großen Rührschüssel mischen. Quark, Eier und Olivenöl gut unterkneten.

2. Teig auf einer bemehlten Arbeitsfläche zu einem Rechteck ausrollen (ca. 40 x 25 cm). Mit Pesto bestreichen. Tomaten und Oliven abtropfen lassen und klein schneiden. Zusammen mit den Schinkenwürfeln auf den Teig streuen. Teig von der schmalen Seite her aufrollen. Mit der Naht nach unten in eine gefettete Kastenform legen. Die Oberfläche mehrmals längs mit einem Messer einritzen. Mit Milch bepinseln und mit grobem Kräutersalz bestreuen. Dann etwa 45 Minuten backen. Herausnehmen, kurz abkühlen lassen und aus der Form stürzen. Warm oder kalt servieren.

Variante Süße Brombeer-Brotrolle

± 0 Minuten

170 ml neutrales Öl
150 g Brombeerkonfitüre
100 g Schokostreusel oder Schokoraspel
1 Eigelb

Teig wie oben beschrieben zubereiten, aber statt Olivenöl das neutrale Öl verwenden. Teig ausrollen und mit Konfitüre bestreichen. Mit Schokostreuseln bestreuen. Aufrollen, in die vorbereitete Kastenform legen. Milch mit Eigelb verquirlen und Brot damit bestreichen. Wie im Hauptrezept beschrieben backen.

Kernige Scones
mit Cranberrys

20 Minuten + 20 Minuten Backzeit | Für 16 Stück

75 g Soft-Cranberrys
50 g Pekannusskerne
450 g Weizenmehl Type 405
1 TL Backpulver
1 TL Natron
1 Prise Salz
50 g Zucker
100 g kalte Butter
2 Eier
175 g kalte Buttermilch
Mehl zum Verarbeiten

1. Backofen auf 200 °C (Ober-/Unterhitze) vorheizen. Cranberrys und Pekannusskerne grob hacken. Mehl, Backpulver, Natron, Salz und Zucker mischen. Butter in Stückchen mit den Knethaken des Handrührgerätes in die Mehlmischung einarbeiten. Nüsse und Cranberrys zufügen. Eier und Buttermilch verquirlen. Zu den Streuseln geben und mit einer Gabel einarbeiten, bis sich gerade eben ein krümeliger Teig ergibt.

2. Teig mit bemehlten Händen auf der bemehlten Arbeitsfläche zu einem Quadrat (ca. 20 x 20 cm) formen. Mit einem bemehlten Messer in 16 Würfel schneiden. Mit etwas Abstand auf ein mit Backpapier belegtes Backblech setzen und etwa 20 Minuten backen.

Variante Strawberry-Scones

± 0 Minuten
ca. 100 g Erdbeerkonfitüre

Teig wie oben beschrieben zubereiten, dabei die Pekannüsse und Cranberrys weglassen. Teig halbieren. Beide Teighälften zu einem Quadrat (ca. 20 x 20 cm) formen. In ein Quadrat mit dem Daumen 16 kleine Mulden (4 Reihen à 4 Mulden) drücken, mit einem Teelöffel 16 kleine Kleckse der Erdbeerkonfitüre hineinsetzen. Zweites Quadrat mithilfe eines »Kuchenretters« darauf setzen, leicht andrücken. Wie oben beschrieben in 16 Würfel schneiden und backen. Übrige Konfitüre evtl. mit etwas Wasser erwärmen und als Sauce zu den Scones servieren.

Tipp Am besten verwenden Sie für dieses Rezept eine feste Konfitüre mit vielen Fruchtstücken.

Tipp Original britisch: Clotted Cream dazu servieren. Das ist eine streichfähige Sahne mit 55 Prozent Fettgehalt. Gibt's in gut sortierten Supermärkten und in englischen Spezialitätenläden. Falls sie nicht erhältlich ist, kann man einfach Crème double nehmen.

Eiweißbrot
mit Leinsamen und Mandeln

15 Minuten + 45 Minuten Backzeit | Für 1 Brot

150 g geschroteter goldener Leinsamen + etwas zum Bestreuen
100 g gemahlene Mandelkerne
2 EL Dinkelvollkornmehl
2 ½ TL Backpulver
1 TL Salz
300 g Magerquark
6 Eiweiß

Backofen auf 180 °C (Ober-/Unterhitze) vorheizen. Leinsamen, gemahlene Mandelkerne, Dinkelmehl, Backpulver, Salz, Quark und Eiweiß verrühren und 5–10 Minuten quellen lassen.
Eine Kastenform (20 cm Länge) mit Backpapier auslegen und den Teig einfüllen. Mit Leinsamen bestreuen und 45–50 Minuten backen. Dabei nach etwa 20 Minuten den Teig in der Mitte längs einschneiden. Brot nach dem Backen 15–20 Minuten ruhen lassen, dann aus der Form lösen und ganz auskühlen lassen.

Variante Chia-Eiweißbrot

± 0 Minuten

50 g Chiasamen
100 g gemahlene Haselnusskerne

Chiasamen im Blitzhacker grob schroten. Teig wie oben beschrieben zubereiten, dabei aber nur 100 g geschroteten Leinsamen verwenden und die geschroteten Chiasamen zufügen. Statt gemahlener Mandelkerne die gemahlenen Haselnusskerne verwenden. Wie oben beschrieben in der Kastenform backen.

Kräuterbrot

in der Dose gebacken

15 Minuten + 35 Minuten Backzeit | Für 2 Brote

Für den Teig
250 ml Vollmilch
½ Würfel Hefe
50 g Zucker
1 Ei
100 ml Olivenöl
500 g Weizenmehl Type 550
1 Pck. Backpulver
1 Prise Salz
je 1 EL gerebelter Thymian und Oregano
4 EL Haselnusskerne

Außerdem
2 große, leere Konservendosen (850 ml)
Fett und Mehl für die Konservendosen

1. Backofen auf 180 °C (Ober-/Unterhitze) vorheizen. Milch lauwarm erwärmen. Hefe und Zucker darin auflösen. Ei und Öl zufügen. Mehl, Backpulver und Salz mischen und ebenfalls zur Hefemilch geben. Zu einem geschmeidigen Teig kneten. Kräuter und Nusskerne einarbeiten.

2. Konservendosen fetten und mit Mehl ausstauben. Teig halbieren, jeweils zu einer Kugel formen und in die Konservendosen legen. Auf einen Rost stellen und 35–40 Minuten backen. Herausnehmen, etwas abkühlen lassen, dann Brote vorsichtig aus den Dosen lösen und auf einem Kuchenrost auskühlen lassen.

Variante Brot am Stiel

- 15 Minuten
2 Zweige Rosmarin
8 schwarze Oliven ohne Stein
16 lange Holzspieße

1. Rosmarinnadeln fein hacken. Oliven hacken. Hefeteig wie oben beschrieben zubereiten, zum Schluss Rosmarin und Oliven einarbeiten.

2. Teig in 16 Portionen teilen, jeweils zu etwa 30 cm langen Rollen formen und um die Holzspieße wickeln, dabei an der Spitze der Spieße beginnen. Brote auf mit Backpapier belegte Backbleche legen, mit Wasser bestreichen und nur 20–25 Minuten backen.

YUMMY

Brötchen

mit Süßkartoffeln aus dem Glas

20 Minuten + 35 Minuten Backzeit | Für 6 Brötchen

500 g Süßkartoffeln
60 g weiche Butter
100 g Vollrohrzucker
1 Ei
100 ml Ahornsirup
½ TL Salz
3 EL Vollmilch
300 g Dinkelmehl Type 1050
1 Pck. Backpulver
50 g gehackte Walnusskerne

Außerdem

Fett und Semmelbrösel für die Gläser
6 Sturz-Form-Gläser (à 290 ml Inhalt und 80 mm Durchmesser; z. B. von Weck)

1. Süßkartoffeln schälen, waschen, klein schneiden und etwa 10 Minuten in Wasser weich garen. Abgießen, zu Püree zerstampfen und abkühlen lassen.

2. Backofen auf 180 °C (Ober-/Unterhitze) vorheizen. Butter, Vollrohrzucker und Ei verrühren. Ahornsirup, Salz, Milch und Süßkartoffelpüree zufügen. Mehl und Backpulver mischen und nach und nach unterrühren. Walnusskerne unterheben.

3. Die Gläser fetten und mit Semmelbröseln ausstreuen. Den Teig zu etwa zwei Drittel hineinfüllen. Gläser auf den kalten Backofenrost stellen und 35–40 Minuten backen. Aus dem Ofen nehmen, auf ein Kuchengitter stellen und auskühlen lassen.

Variante Würzige Kartoffelbrötchen aus dem Glas

± 0 Minuten
500 g Kartoffeln
6 EL Milch
2–3 EL Röstzwiebeln

Kartoffeln schälen, waschen, klein schneiden und etwa 10 Minuten in Wasser weich garen. Abgießen und zu Püree zerstampfen. Teig wie oben beschrieben mit 6 EL Milch zubereiten, dabei statt Süßkartoffelpüree das Kartoffelpüree und statt Walnusskernen die Röstzwiebeln einarbeiten. Wie oben beschrieben in die Gläser füllen und backen.

Saftige Buchteln
mit Pudding und Brombeeren

25 Minuten + 35 Minuten Backzeit | Für 12 Buchteln

Für den Vanillepudding
100 g süße Sahne
50 ml Vollmilch
20 g Zucker
1 Pck. Vanillezucker
1 Eigelb
10 g Speisestärke

Für den Teig
250 ml Vollmilch
½ Würfel Hefe
50 g Zucker
1 Ei
100 ml Rapskernöl
500 g Weizenmehl Type 550
1 Pck. Backpulver
1 Prise Salz

Außerdem
Fett für die Form
100 g Brombeerkonfitüre

1. Für den Vanillepudding Sahne, 25 ml Milch, Zucker und Vanillezucker aufkochen. Eigelb, Stärke und übrige Milch glatt rühren und in die kochende Milch einrühren. Temperatur reduzieren und rühren, bis der Pudding eindickt. Pudding in eine Schüssel umfüllen, mit Frischhaltefolie abdecken und abkühlen lassen.

2. Backofen auf 180 °C (Ober-/Unterhitze) vorheizen. Für den Teig Milch lauwarm erwärmen. Hefe und Zucker darin auflösen. Ei und Öl zugeben. Mehl, Backpulver und Salz mischen und gut unterkneten. Teig in 12 Portionen teilen und zu runden Buchteln formen. Buchteln in eine große, gefettete Auflaufform setzen.

3. In jede Buchtel eine Mulde drücken. Je etwas Vanillepudding und Brombeerkonfitüre hineinfüllen. Buchteln 35–40 Minuten backen.

Variante Zimtstreusel-Orangen-Buchteln

± 0 Minuten
100 g Orangenmarmelade
100 g Weizenmehl Type 405
75 g kalte Butter
50 g Zucker
1 Pck. Vanillezucker
1 TL Zimtpulver

Hefeteig wie oben beschrieben zubereiten, Buchteln formen und in die Auflaufform setzen. Jeweils eine Mulde hineindrücken und etwas Orangenmarmelade hineinfüllen. Aus Mehl, Butter in Stückchen, Zucker, Vanillezucker und Zimt Streusel kneten. Über die Buchteln streuen. Wie oben beschrieben backen.

MUM

Fixe Brötchen

zum Frühstück

15 Minuten + 20 Minuten Backzeit | Für 8 Brötchen

350 g Weizenmehl Type 405
3 TL Backpulver
4 EL Zucker
1 Prise Salz
50 g weiche Butter
2 Eier
150 ml Kefir
1 TL Puderzucker

1. Mehl, Backpulver, Zucker und Salz mischen. Butter dazugeben und alles krümelig verkneten. 1 Ei und Kefir verquirlen und zur Mehl-Butter-Mischung geben. Zuerst mit einem Löffel verrühren, dann mit den Händen glatt verkneten. Teig in 8 Portionen teilen, mit angefeuchteten Händen zu kleinen runden Brötchen formen und auf ein mit Backpapier belegtes Backblech setzen.

2. Backofen auf 180 °C (Ober-/Unterhitze) vorheizen. Übriges Ei trennen. Eigelb mit Puderzucker verquirlen und Brötchen damit bestreichen. 5 Minuten antrocknen lassen. Dann mit Eiweiß bestreichen und etwa 20 Minuten backen.

Variante Haferflocken-Weckerl

± 0 Minuten
75 g zarte Haferflocken
50 g Rosinen

Haferflocken, nur 275 g Mehl, Backpulver, Zucker und Salz mischen. Wie oben beschrieben zuerst Butter, dann 1 Ei und Kefir untermischen und zuletzt die Rosinen unterheben. Teig zu 8 kleinen länglichen Brötchen formen, längs einritzen und zuerst mit Eigelb-Puderzucker-Mischung, dann mit Eiweiß bestreichen. Wie oben beschrieben backen.

Protzkuchen mit fertigen Böden

Highspeed-Torte
mit Klimbim-Topping

30 Minuten + 30 Minuten Ruhezeit | Für 12 Stücke

80 g Zucker
1 Pck. dunkler Wiener Boden (500 g)
100 g Butterschmalz
200 g flüssiges Malzextrakt (z. B. aus dem Bioladen)
200 g Zartbitterkuvertüre
100 g Schoko-Knusperwaffelriegel (z. B. Kitkat)

1. Für die Karamellfäden Zucker in einem weiten Topf karamellisieren. Dabei nicht rühren, nur den Topf schwenken. Karamell mit einem Esslöffel in dünnen Kringeln auf einem Bogen geölte Alufolie verteilen. Fest werden lassen.

2. Wiener Böden nebeneinander ausbreiten. Butterschmalz und Malzextrakt erhitzen. Kuvertüre darin schmelzen. Hälfte Guss auf zwei Wiener Böden streichen. Alle drei Böden übereinander legen, dabei mit dem unbestrichenen Boden abschließen. Rest Guss über die Torte geben. 30 Minuten kalt stellen. Waffelriegel grob zerbröseln und auf die Torte geben. Mit Karamell-Skulpturen ergänzen.

Variante Naked Cake mit gestreiften Baisertupfen

± 0 Minuten

175 g Doppelrahmfrischkäse
100 g Kirschkonfitüre

2 frische Eiweiß
1 Prise Salz
100 g Zucker
rote Lebensmittelpaste

1 Einweg-Spritzbeutel

1. Frischkäse und Konfitüre verrühren. Zwei Böden mit Kirschcreme bestreichen. Böden übereinander legen.

2. Eiweiß mit Salz und Zucker über einem warmen Wasserbad mit den Schneebesen des Handrührgerätes etwa 5 Minuten steif schlagen. Mithilfe eines Holzstäbchens 4 Streifen Lebensmittelpaste im Inneren des Einweg-Spritzbeutels ziehen. Eischnee einfüllen. Spitze des Spritzbeutels abschneiden. Eischnee als Tuffs auf die Torte spritzen. 30 Minuten kalt stellen.

SWEET
TOOTH

Schoko-Lasagne
mit Oreo-Keks-Boden

25 Minuten | Für 8 Portionen

60 g Butter
18 Oreo-Kekse (à ca. 11 g)
175 g Doppelrahmfrischkäse
25 g Puderzucker
125 g süße Sahne
300 ml Vollmilch
1 Pck. Schokoladenpudding ohne Kochen (74 g; z. B. Paradiescreme von Dr. Oetker)
1 Pck. Zartbitter-Schokotröpfchen (75 g)

1. Butter in einem kleinen Topf schmelzen. Kekse in einen Gefrierbeutel füllen und mit der Kuchenrolle zerbröseln. Oder die Kekse im Blitzhacker zerkleinern. Keksbrösel und geschmolzene Butter gut vermischen. In eine Auflaufform (30 x 20 cm) drücken und kalt stellen.

2. Frischkäse cremig rühren, dabei Puderzucker zufügen. Sahne steif schlagen und unter die Frischkäsecreme heben. Creme in der Auflaufform auf dem Oreo-Boden verstreichen. Erneut kalt stellen.

3. Milch und Pudding-Pulver mit den Schneebesen des Handrührgerätes kurz auf niedrigster Stufe verrühren, dann 3 Minuten auf höchster Stufe cremig aufschlagen. Auf die Frischkäsecreme streichen. Mit Schokotröpfchen bestreuen. Bis zum Servieren kalt stellen. Wie eine Lasagne servieren.

Variante Spekulatius-Lasagne

± 0 Minuten

200 g Spekulatius-Kekse (alternativ Haferkekse)
1 Glas Apfelkompott (370 g)
1 Becher fertiger Vanillepudding (150 g)

Zwei Kekse für die Dekoration beiseite legen. Hälfte der übrigen Spekulatius in eine Auflaufform (30 x 20 cm) legen. Hälfte Apfelkompott darauf verstreichen. Creme wie oben beschrieben anrühren. Zusätzlich noch den Vanillepudding unter die Creme heben. Hälfte Creme auf die Lage Apfelkompott geben. Noch eine Schicht Kekse, Apfelkompott und Creme darauf geben. Bis zum Servieren kalt stellen. Die zwei beiseite gelegten Kekse zerbröseln und Lasagne damit bestreuen.

Prachtring
à la Himbeer-Croissant

10 Minuten + 15 Minuten Backzeit | Für 12 Stücke

1 Dose Croissant-Teig
(250 g; z. B. Knack & Back)
200 g Doppelrahmfrischkäse
3 EL Puderzucker
Mark von 1 Vanilleschote
125 g + einige Himbeeren

1. Backofen auf 200 °C (Ober-/Unterhitze) vorheizen. Croissant-Teig aus der Dose nehmen und entrollen. Perforierte Linien mit den Fingern glatt drücken. Frischkäse, Puderzucker und Vanillemark glatt verrühren.

2. Himbeeren verlesen und 125 g etwas kleiner hacken, diese unter die Creme ziehen. Himbeercreme auf den Teig streichen. Von der breiten Seite wie eine Biskuitrolle aufrollen. Enden zusammenlegen, sodass ein Ring entsteht. Enden fest drücken. Ring mit einer Schere ringsherum ein- aber nicht durchschneiden, sodass die Füllung sichtbar wird. Dann 15–20 Minuten backen. Auskühlen lassen und mit Himbeeren dekoriert anrichten.

Variante Herzhafter Käse-Prachtring

± 0 Minuten
50 g schwarze Oliven
ohne Stein
50 g getrocknete Tomaten
(in Öl)
50 g Schinkenwürfel
75 g Gouda

Croissant-Teig wie oben beschrieben vorbereiten. Oliven und Tomaten abtropfen lassen und in kleine Stücke schneiden. Zusammen mit den Schinkenwürfeln auf dem Teig verteilen. Gouda reiben und darüberstreuen. Wie oben beschrieben aufrollen, einschneiden und backen.

Bb

Schoko-Bömbchen

mit Karamellherz

20 Minuten | Für 20 Stück

10 weiche Karamell-Bonbons
175 g weiche Butter
75 g Puderzucker
250 g fertiger Schoko-Biskuitboden
150 g Zartbitterkuvertüre
10 g Kokosfett
20 g Schokostreusel

1. Bonbons halbieren. Butter und Puderzucker weißcremig rühren. Biskuit mit den Händen fein zerbröseln und mit der Buttercreme vermischen. Masse in 20 Portionen teilen. Jede Portion flach drücken und ½ Karamell-Bonbon hineinlegen. Zu einer Kugel formen, auf die Arbeitsfläche aufsetzen, sodass die Kugel etwas abgeflacht wird und stehen kann. Kalt stellen.

2. Kuvertüre und Kokosfett über einem warmen Wasserbad schmelzen. Bömbchen durch die Kuvertüre ziehen, auf Backpapier setzen, mit Schokostreuseln bestreuen und Glasur fest werden lassen.

Variante Rosarote Rosen-Bömbchen

± 0 Minuten

250 g Biskuit-Tortenboden
einige Tropfen Rosen-Aroma
20 g Kirschkonfitüre
150 g weiße Kuvertüre
20 g Kokosfett
einige Tropfen rote Speisefarbe für Schokolade
kandierte/kristallisierte Rosenblüten-Stückchen zum Dekorieren

1. Teigmasse wie oben beschrieben zubereiten, dafür aber statt Schoko-Biskuitboden den hellen Biskuit verwenden und das Rosen-Aroma einarbeiten. Masse in 20 Portionen teilen. Jede Portion flach drücken und etwas Kirschkonfitüre hineingeben. Zu einer Kugel formen, auf die Arbeitsfläche aufsetzen, sodass die Kugel stehen kann. Kalt stellen.

2. Kuvertüre und Kokosfett über einem warmen Wasserbad schmelzen. Mit Gelfarbe rosa einfärben. Bömbchen durch die Kuvertüre ziehen, auf Backpapier setzen, mit Rosenblüten-Stückchen bestreuen und Glasur fest werden lassen.

Schoki-Tafeln im Blätterteig-Mantel

5 Minuten + 15 Minuten Backzeit | Für 16 Streifen

1 Rolle frischer Blätterteig (ca. 40 x 24 cm)
2 Tafeln Zartbitter-Schokolade (à 100 g)
1 Eigelb
1 EL Vollmilch

Backofen auf 200 °C (Ober-/Unterhitze) vorheizen. Blätterteig entrollen und halbieren (à 20 x 24 cm). Die Tafeln Schokolade jeweils in die Mitte legen. Blätterteig seitlich der Schokolade im Abstand von etwa 1 cm einschneiden. Enden jeweils einschlagen. Alle seitlichen Stränge abwechselnd zur Mitte über die Schokolade klappen. Blätterteig-Schokis auf ein mit Backpapier belegtes Backblech legen. Eigelb und Milch verquirlen und Blätterteig damit bestreichen. Dann etwa 15 Minuten backen. Herausnehmen, abkühlen lassen und zum Servieren in jeweils 8 Streifen schneiden.

Variante Blätterteig-Nougat-Zöpfchen

+ 15 Minuten | Für 12 Zöpfchen

2 Rollen frischer Blätterteig (à ca. 40 x 24 cm)
150 g Nuss-Nougat-Creme

1. Blätterteig entrollen. Mit Nuss-Nougat-Creme bestreichen. Beide Blätterteigplatten der Länge nach halbieren (à 40 x 12 cm). Die 4 Rechtecke von der langen Seite zu dünnen Rollen aufwickeln. Jede dieser Teigrollen längs halbieren und in 3 Teile schneiden.

2. Jeweils 2 längs durchgeschnittene Teile mit der Schnittfläche nach oben auf ein mit Backpapier ausgelegtes Backblech legen und zu einem Zopf schlingen. Im vorgeheizten Backofen bei 200 °C (Ober-/Unterhitze) etwa 20 Minuten backen.

Bunte Törtchen

im Eiswaffelbecher

10 Minuten + 10 Minuten Backzeit | Für 32 Stück

125 g weiche Butter
75 g Zucker
1 Prise Salz
2 Eier
125 g Weizenmehl Type 405
1 TL Backpulver
2 EL Vollmilch
32 Waffelbecher mit Schokolade
150 g Crème fraîche
buntes Zuckerdekor zum Dekorieren

Backofen auf 200 °C (Ober-/Unterhitze) vorheizen. Butter, Zucker und Salz cremig rühren. Eier einzeln zugeben und unterrühren. Mehl und Backpulver mischen und portionsweise abwechselnd mit der Milch unterheben. Teig in einen Spritzbeutel mit großer Lochtülle füllen und in die Waffelbecher spritzen. Waffelbecher auf ein mit Backpapier belegtes Backblech setzen und etwa 10 Minuten backen. Törtchen aus dem Ofen nehmen und abkühlen lassen. Jeweils mit einem Klecks Crème fraîche und etwas Zuckerdekor anrichten.

Variante Pistazien-Eiswaffel-Törtchen

± 0 Minuten

100 g Pistazienmark
3 EL Eierlikör
goldene Liebesperlen zum Dekorieren

Butter, Pistazienmark, Zucker und Salz cremig rühren. Dann wie oben beschrieben Eier, Mehl und Backpulver zugeben. Teig mithilfe des Spritzbeutels in die Waffelbecher füllen und backen. Crème fraîche mit Eierlikör glatt rühren und als Klecks auf die Törtchen geben. Mit goldenen Liebesperlen verzieren.

XXL-Charlotte

aus der Schüssel

30 Minuten | Für 6 Portionen

Für das Rhabarber-Erdbeer-Kompott

75 g Zucker
300 g TK-Rhabarber
200 g TK-Erdbeeren
1 EL Speisestärke

Für die Quarkcreme

375 g süße Sahne
3 Pck. Sahnesteif
75 g Zucker
750 g Magerquark

Außerdem

1 fertige Zitronen-Biskuitrolle
Erdbeeren, geschlagene Sahne, Minzblättchen als Deko

1. Für das Kompott Zucker in einem Topf goldgelb karamellisieren lassen. Tiefgefrorene Früchte und 3 EL Wasser zugeben. Zugedeckt aufkochen lassen. Stärke mit wenig Wasser glatt rühren. In das kochende Kompott rühren. Unter Rühren etwa 1 Minute köcheln lassen. In eine Schüssel umfüllen und auskühlen lassen.

2. Für die Quarkcreme Sahne mit Sahnefestiger und Zucker steif schlagen. Quark glatt rühren, dann die Sahne unterheben.

3. Biskuitrolle in Scheiben schneiden. Eine Glasschale am Rand mit den Scheiben auslegen. Kompott einfüllen, dann Quarkcreme darauf verteilen. Charlotte mit Erdbeeren, Sahnetupfen und Minzblättchen verzieren.

Variante XXL-Marshmallow-Trifle

± 0 Minuten

1 Pck. Wiener Boden (500 g)
10 EL Kirschwasser
1 Glas Rote Grütze (500 g)
250 g gemischte Beeren
1 Glas Stachelbeeren (Abtropfgewicht 360 g)
50 g Mini-Marshmallows
2 Becher Vanillepudding (à 150 g)
200 g Crème fraîche

Biskuitboden zerbröseln. Brösel in eine große runde Glasschüssel füllen. Mit der Hälfte Kirschwasser beträufeln. Rote Grütze und frische Beeren mischen und darauf verteilen. Zweiten Boden auf Größe der Schüssel zuschneiden und auf das Kompott legen. Mit Kirschwasser beträufeln. Stachelbeeren abtropfen lassen und mit den Mini-Marshmallows auf dem Biskuit verteilen. Dritten Boden auf Größe der Schüssel zuschneiden und auf die Stachelbeeren legen. Mit Rest Kirschwasser beträufeln. Vanillepudding und Crème fraîche verrühren und auf dem Boden verstreichen.

Schweineöhrchen-
Schokokuss-Torte

30 Minuten + 15 Minuten Backzeit | Für 16 Stücke

1 Pck. TK-Blätterteig (450 g; 10 Scheiben)
Mehl für die Arbeitsfläche
1 EL + 1 TL Zucker
1–2 EL Schokostreusel
9 große Schokoküsse
125 g Naturjoghurt
150 g geschlagene Sahne

1. Backofen auf 180 °C (Umluft) vorheizen. Blätterteig auftauen lassen. Jeweils 3 Scheiben übereinander legen und auf leicht bemehlter Arbeitsfläche zu einem Rechteck (etwa 30 x 25 cm) ausrollen. Aus jedem Rechteck ein großes Schweineohr ausschneiden. Auf zwei mit Backpapier ausgelegte Backbleche legen und mit 1 EL Zucker bestreuen. Teigreste und übrige Blätterteigplatte übereinander legen (nicht verkneten) und zu einem Rechteck ausrollen. Mit 1 TL Zucker und Schokostreuseln bestreuen. Von den beiden kurzen Seiten bis zur Mitte einrollen, bis die Kanten aneinander stoßen. In 1 cm breite Scheiben schneiden und zu den großen Schweineöhrchen auf die Backbleche legen. Etwa 15 Minuten backen, dabei nach 10 Minuten wenden. Herausnehmen und auskühlen lassen.

2. Von den Schokoküssen die Waffelböden ablösen und hacken. Schokokussmasse in eine Schüssel geben und mit einer Gabel zerdrücken. Joghurt und Waffelstücke zufügen und verrühren. Sahne unterziehen. Schokokusscreme und große Schweineöhrchen zu einer Torte aufschichten. Mit Mini-Öhrchen verzieren.

Variante Schweineöhrchen-Kaffee-Torte

± 0 Minuten

1 Pck. Mokkabohnen
500 g süße Sahne
3 Pck. Sahnefestiger
1 Pck. Vanillezucker
4 EL Kaffeelikör

Schweineöhrchen wie oben beschrieben backen. Mokkabohnen grob hacken. Sahne mit Sahnefestiger und Vanillezucker steif schlagen. Kaffeelikör und gehackte Mokkabohnen unterheben. Kaffeecreme und große Schweineöhrchen aufschichten. Mit Mini-Schweineöhrchen verzieren.

Easy-Peasy-Soufflé für Kokos-Fans

10 Minuten + 20 Minuten Backzeit | Für 4 Soufflés

2 Eier
40 g Puderzucker
50 g Kokosmilch
30 g gemahlene Mandelkerne
60 g Kokosraspel
neutrales Öl und Puderzucker für die Förmchen

Backofen auf 190 °C (Ober-/Unterhitze) vorheizen. Eier trennen. Eiweiß mit Puderzucker steif schlagen. Eigelb mit Kokosmilch aufschlagen. Erst gemahlene Mandelkerne und Kokosraspel, dann Eischnee unterheben. Masse in mit Öl ausgestrichene und mit Puderzucker bestäubte Soufflé-Förmchen füllen. Auf einen Rost setzen und etwa 20 Minuten backen.

Variante Easy-Peasy-Chaisoufflé

± 0 Minuten
70 g gemahlene Mandelkerne
25 g Chaitee-Pulver

Eier trennen. Eiweiß mit Puderzucker steif schlagen. Eigelb mit Kokosmilch aufschlagen. Erst gemahlene Mandelkerne und Chaitee-Pulver, dann Eischnee unterheben. Masse wie oben beschrieben in die vorbereiteten Förmchen füllen und backen.

Amour fou

au chocolat

20 Minuten + 2 Stunden Ruhezeit | Für 12 Stücke

300 g TK-Mini-Windbeutel »Vanillegeschmack« (ca. 24 Stück)
2 Böden dunkler Wiener Boden

Für die Schokocreme
4 Blatt weiße Gelatine
150 g Zartbitterkuvertüre
50 g Puderzucker
500 g süße Sahne
Erdbeeren, Puderzucker, Sahnetuffs und Minzblättchen zum Dekorieren

1. Windbeutel auftauen lassen. Um einen Boden einen Tortenring spannen. Gelatine einweichen. Kuvertüre über einem warmen Wasserbad schmelzen. Puderzucker sieben. Sahne steif schlagen, Puderzucker einrieseln lassen. Kuvertüre unter die Sahne heben. Gelatine tropfnass auflösen. Etwas Schokosahne unter die Gelatine rühren, dann diese Mischung unter die übrige Schokosahne rühren.

2. Etwas Schokosahne auf dem Boden verteilen. Windbeutel, bis auf fünf Stück für die Deko, auf die Creme setzen. Restliche Schokosahne zwischen die Windbeutel geben. Zweiten Schokoboden auflegen. Torte etwa 2 Stunden kalt stellen. Tortenring lösen. Torte mit übrigen Windbeuteln, Erdbeeren, Puderzucker, Sahnetuffs und Minze verzieren.

Variante Heiße Lemon-Liebe

± 0 Minuten
2 Böden heller Wiener Boden
5 Blatt weiße Gelatine

5 EL Lemon Curd
3 EL Puderzucker
1 sehr frisches Eiweiß
1 Prise Salz

1. Um einen Boden einen Tortenring spannen. Gelatine einweichen. Sahne steif schlagen. Lemon Curd locker unterheben. Gelatine auflösen. Wie oben beschrieben unter die Lemonsahne rühren.

2. Torte wie oben beschrieben fertig stellen, dabei anstelle der Schokosahne die Lemonsahne verwenden. Backofengrill einschalten. Puderzucker sieben. Eiweiß mit Salz steif schlagen, dabei Puderzucker einrieseln lassen. Windbeutel in das Baiser tauchen, unter dem Backofengrill kurz bräunen (1–2 Minuten – Sichtkontakt!). Auf die Torte setzen.

Schnelles Backen für Anlässe

Rosen-Tarte

»Für die beste Mama der Welt«

20 Minuten + 10 Minuten Ruhezeit | Für 12 Stücke

Für den Boden
125 g Butter
200 g Shortbread

Für die Füllung
1 Dose gezuckerte Kondensmilch (400 g)
150 g Butter
5 EL Puderzucker

Für die Deko
150 g weiße Kuvertüre
20 g Kokosfett
ungespritzte frische oder kandierte Rosenblätter

1. Butter in einem Topf schmelzen. Shortbread fein zerbröseln, mit der flüssigen Butter mischen und in eine mit Frischhaltefolie ausgelegte Tarteform (28 cm Ø) drücken, dabei einen kleinen Rand formen.

2. Für die Füllung Kondensmilch, Butter und Puderzucker unter ständigem Rühren aufkochen lassen. Dann 5 Minuten unter Rühren köcheln lassen, bis die Creme dickflüssiger und karamellfarben wird. Creme auf dem Boden verteilen. 10–15 Minuten kalt stellen.

3. Kuvertüre in grobe Stücke hacken und mit dem Kokosfett über einem warmen Wasserbad schmelzen. Über die Creme gießen. Mit Rosenblättern dekorieren. Bis zum Servieren kalt stellen.

Variante Salzige Schokoholic-Tarte »Für Papa«

± 0 Minuten
200 g Nuss-Nougat (schnittfeste Masse)
165 g Salzstangen
150 g Zartbitterkuvertüre

1. Nuss-Nougat in einem Topf schmelzen. Einige Salzstangen für die Deko beiseite legen. Übrige Salzstangen grob zerkleinern, im Blitzhacker feiner mahlen. Brösel mit dem flüssigen Nuss-Nougat mischen. Masse in eine mit Frischhaltefolie ausgelegte Tarteform (28 cm Ø) drücken, dabei einen kleinen Rand formen.

2. Füllung wie oben beschrieben zubereiten und auf dem Boden verteilen. Kalt stellen.

3. Kuvertüre grob hacken und mit dem Kokosfett über einem warmen Wasserbad schmelzen. Über die Creme gießen. Mit übrigen Salzstangen dekorieren.

Tipp Keine Rosenblätter bekommen? Es sieht auch sehr schön aus, wenn man aus Zuckerschnüren das Wort »Mama« auf die Tarte legt. Zu anderen Anlässen wie Geburtstagen einfach den Namen aus den Zuckerschnüren legen.

Genial Die Turbo-Schokomousse besteht nur aus Schokolade und Wasser!

Schokoherzen fürs erste Date

20 Minuten + 10 Minuten Backzeit | Für 4 Portionen

Für die Herzen
4 Platten TK-Blätterteig (10 x 10 cm)
30 g weiche Butter

Für die Füllung
100 g Zartbitterschokolade

Außerdem
Erdbeeren und Puderzucker zum Dekorieren

1. Backofen auf 175 °C (Ober-/Unterhitze) vorheizen. Gefrorenen Blätterteig mit der weichen Butter bestreichen, dann etwas antauen lassen. Mit einem kleinen Herz-Ausstecher (etwa 5 cm Ø) jeweils 4 kleine Herzen aus jeder Teigplatte ausstechen. Auf ein mit Backpapier belegtes Backblech legen und etwa 10 Minuten backen. Herausnehmen und abkühlen lassen.

2. Inzwischen für die Füllung die Schokolade in Stücke brechen und über einem warmen Wasserbad schmelzen. 90 ml Wasser dazugießen und rühren, bis sich Schokolade und Wasser verbinden. Schüssel jetzt in ein Wasserbad mit Eiswasser setzen und mit den Schneebesen des Handrührgerätes 5–8 Minuten aufschlagen. Mousse auf die Hälfte der Blätterteigherzen verteilen. Übrige Herzen darauf setzen. Mit Erdbeeren und Puderzucker verzieren.

Variante Mascarpone-Erdbeer-Herzen

± 0 Minuten
75 g Erdbeeren
75 g Gelierzucker (1:1)
2 EL Zucker
10–20 ml Erdbeer-Limes
100 g Mascarpone

Blätterteig wie oben beschrieben zu Herzen ausstechen und backen. Für die Füllung Erdbeeren putzen, abbrausen, in Würfelchen schneiden, mit dem Gelierzucker mischen und ziehen lassen. Inzwischen normalen Zucker karamellisieren lassen, mit dem Erdbeer-Limes ablöschen. Erdbeer-Gelierzucker-Mischung zufügen, etwa 4 Minuten kochen. Etwas abkühlen lassen, dann mit dem Mascarpone verrühren. Creme auf die Hälfte der Blätterteigherzen verteilen. Übrige Herzen darauf setzen.

Buggy-Kuchen
zur Geburt oder Taufe

15 Minuten | Für 12 Stücke

1 fertiger Biskuit-Tortenboden (250 g)
½ Pck. Puddingpulver »Mandel-Geschmack« zum Kochen (20 g)
20 g Zucker
200 ml Vollmilch

40 g weiße Schokolade
125 g Mascarpone
buntes Zuckerdekor
75 g frische gemischte Beeren

1. Aus dem Tortenboden ein Viertel herausschneiden. 3⁄4-Tortenboden auf eine große Tortenplatte setzen. Aus dem Viertel zwei Kreise (à 4 cm Ø) als Räder sowie einen Griff ausschneiden. Aus Alufolie eine Schiene formen und diese an die offenen Kanten des Tortenbodens stellen.

2. Für die Creme Puddingpulver, Zucker und etwa 5 EL Milch glatt rühren. Rest Milch aufkochen. Angerührtes Puddingpulver einrühren und unter Rühren etwa 1 Minute köcheln lassen. Schokolade hacken und in den Pudding rühren. Mascarpone unterheben. Puddingcreme auf den Tortenboden streichen. Untere Hälfte mit Zuckerdekor bestreuen. Oberes Viertel des Tortenbodens mit Früchten belegen. Alufolienschiene entfernen. Räder und Griff an den Kinderwagen setzen.

Variante Schokoschuppen-Fisch

± 0 Minuten

2 fertige Biskuit-Tortenböden (à 250 g)
1 unbehandelte Zitrone
500 g Magerquark
250 g Mascarpone
100 g Puderzucker
1 Pck. Mini-Schoko-Butterkekse (125 g)

1. Einen Tortenboden als Körper des Fisches auf eine Platte setzen. Aus dem zweiten Tortenboden ein Stück als Schwanzflosse herausschneiden. Zwei kleine Tortenstücke als Flossen und ein Auge sowie einen Mund herausschneiden.

2. Für die Füllung Zitronenschale abreiben und Saft auspressen. Quark, Mascarpone, Zitronensaft, -schale und Puderzucker verrühren und Creme auf Flossen und den ganzen Tortenboden streichen. Butterkekse leicht schräg als Schuppen in Körper und Flossen hineinstecken. Auge und Mund aufsetzen.

Käsekűchlein

für Überraschungsbesuch

10 Minuten + 40 Minuten Backzeit | Für 12 Stück

Für die Käsemasse
150 g weiche Butter
175 g Zucker
4 Eier
400 g Magerquark
1 Pck. Saucenpulver »Vanille-Geschmack« zum Kochen (17 g)
1 Dose Mandarin-Orangen (Abtropfgewicht 175 g)
Fett und Paniermehl für die Form

Für die Zimtsahne
1 Pck. Vanillezucker
½ TL Zimtpulver
1 Pck. Sahnefestiger
150 g süße Sahne

1. Backofen auf 175 °C (Ober-/Unterhitze) vorheizen. Butter mit Zucker cremig rühren. Nach und nach die Eier unterrühren. Quark und Saucenpulver unterrühren. Mandarin-Orangen abtropfen lassen und unter die Quarkmasse heben. Mulden einer Muffinform fetten und mit Paniermehl ausstreuen. Käsemasse einfüllen. Muffins etwa 40 Minuten backen. Herausnehmen und auskühlen lassen.

2. Vanillezucker, Zimt und Sahnefestiger mischen. Sahne steif schlagen, dabei die Zucker-Zimt-Mischung unterrühren. Zimtsahne in einen Spritzbeutel mit Sterntülle füllen und zum Servieren Tuffs auf die Muffins spritzen.

Variante Schwiegermamas Lieblingskäsekuchen

+ 10 Minuten
1 Pck. Vanillezucker
6 EL Hartweizengrieß
650 g Magerquark
350 g Doppelrahmfrischkäse
1 Pck. Rum-Rosinen (125 g)
2 EL Weizenmehl Type 405
Fett für die Form

Backofen auf 180 °C (Ober-/Unterhitze) vorheizen. Butter, Zucker und Vanillezucker cremig rühren. Eier, Grieß, Quark und Frischkäse unterrühren. Rum-Rosinen abtropfen lassen, mit dem Mehl mischen und unter die Käsemasse ziehen. Masse in eine gefettete Springform (26 cm Ø) füllen und etwa 50 Minuten backen.

Tipp Sehr lecker schmecken statt der Rum-Rosinen auch abgetropfte Rumtopf-Früchte.

X-Mas-Eclairs
mit Rotweinbirnen

35 Minuten + 20 Minuten Backzeit | Für 15 Stück

Für den Brandteig
60 ml Vollmilch
1 Prise Salz
25 g Butter
100 g Weizenmehl Type 405
2 Eier

Für das Kompott
1 Birne (ca. 150 g)
125 ml Rotwein
1 EL Zucker
1 gestrichener EL Speisestärke

Für den Quark
400 g Sahnequark (40 % Fett)
50 g Zucker
Mark von 1 Vanilleschote

1. Ofen auf 200 °C (Ober-/Unterhitze) vorheizen. Milch, 60 ml Wasser, Salz und Butter aufkochen. Topf vom Herd nehmen und Mehl mit einem Holzlöffel unterrühren. Topf wieder auf den Herd stellen und Brandteig bei milder Temperatur »abbrennen« – er sollte sich als Kloß vom Topfboden lösen. Vom Herd nehmen und Eier einzeln unterrühren.

2. Masse in einen Spritzbeutel mit großer Sterntülle füllen. Etwa 15 Streifen (11 cm Länge) auf ein mit Backpapier belegtes Backblech spritzen. Etwa 20 Minuten backen. Herausnehmen und auskühlen lassen.

3. Birne schälen, entkernen und in kleine Würfel schneiden. Birnenwürfel, Rotwein und Zucker etwa 8 Minuten köcheln lassen. Stärke mit etwas kaltem Wasser anrühren, Kompott damit binden. Umfüllen und auskühlen lassen.

4. Quark mit Zucker und Vanillemark glatt verrühren. Eclairs aufschneiden und mit Quark und Kompott füllen.

Variante Oster-Eclairs mit Eierlikör-Sahne

- 5 Minuten
100 g Erdbeeren
400 g süße Sahne
2 Pck. Sahnefestiger
3 Pck. Vanillezucker
4–5 EL Eierlikör

Eclairs wie oben beschrieben backen. Erdbeeren würfeln. Sahne steif schlagen, dabei Sahnefestiger und Vanillezucker einrieseln lassen. Eierlikör und Erdbeerwürfel unterheben. Diese Füllung in die Eclairs geben.

*Wacky Cakes sind Kuchen, deren Teig nicht in einer Schüssel angerührt werden muss. Einfach alle Zutaten in die Backform oder eine Auflaufform geben und direkt dort mit einem Teigschaber oder Kochlöffel verrühren und backen.

Wacky-Cake*

zum Adventspunsch

10 Minuten + 50 Minuten Backzeit | Für 8 Stücke

Für den Teig

240 g Weizenmehl Type 405
1 TL Backpulver
2 EL Kakaopulver
175 g Zucker
1 Pck. Vanillezucker
1 Prise Salz
1 EL Apfelessig
2 EL Zitronensaft
50 ml neutrales Öl
250 ml kalter Glühwein (alternativ Rot- oder Weißwein)
1 Glas Wild-Preiselbeeren (220 g)
Öl für die Form

Backofen auf 175 °C (Ober-/Unterhitze) vorheizen. Für den Teig Mehl, Back- und Kakaopulver, Zucker, Vanillezucker und Salz in eine mit etwas Öl ausgestrichene Auflaufform (etwa 20 x 20 cm) geben und mit einem Löffel mischen. Mit einem Löffel 2 kleinere Mulden und eine größere Mulde in die Mehlmischung drücken. In die beiden kleineren Mulden Essig und Zitronensaft, in die große Mulde das Öl geben. Dann Glühwein angießen und alles mit einem Teigschaber oder einem Kochlöffel direkt in der Form zu einem glatten Teig verrühren. Preiselbeeren unterheben. Kuchen etwa 50 Minuten backen.

Tipp Mit Puderzucker bestäubte Rosmarinzweige als verschneite Tannenbäumchen hineinstecken.

Variante Bratapfel-Wacky-Cake

± 0 Minuten

250 g Weizenmehl Type 405
2 TL Zimtpulver
225 ml Apfelwein
3 EL Apfelschnaps
1 Apfel

Teig wie oben beschrieben mit 250 g Mehl in einer Auflaufform anrühren, dabei das Kakaopulver durch Zimtpulver ersetzen sowie den Glühwein durch Apfelwein und Apfelschnaps. Apfel schälen, vierteln, entkernen und Fruchtfleisch in kleine Würfel schneiden. Unter den Teig ziehen. Wie oben beschrieben backen.

Biskuittorte

für Geburtstagskinder

20 Minuten + 15 Minuten Backzeit | Für 10 Stücke

Für den Biskuit

60 g Zucker
2 Eier
60 g Buchweizenmehl
Fett und Mehl für die Form

Für den Belag

100 g Doppelrahmfrischkäse
100 g süße Sahne
5 EL Waldmeistersirup
grüne Gel-Speisefarbe
abgeriebene Schale von ½ unbehandelten Zitrone
150 g Puderzucker
125 g frische Himbeeren

1. Ofen auf 200 °C (Ober-/Unterhitze) vorheizen. Zucker, Eier und 1 EL heißes Wasser hellcremig aufschlagen. Mehl daraufsieben und kurz unterrühren. Masse in eine gefettete und mit Mehl bestaubte Springform (20 cm Ø) füllen und 15–20 Minuten backen. Herausnehmen, aus der Form nehmen und auskühlen lassen.

2. Frischkäse, Sahne, Sirup und Gelfarbe verrühren. Zitronenschale und Puderzucker zugeben und alles in 5–8 Minuten cremig aufschlagen. Creme auf den Biskuit streichen. Himbeeren verlesen und auf die Creme setzen.

Variante Tiramisu-Biskuittorte

± 0 Minuten

1 EL + etwas Kakaopulver
3 TL Instant-Espresso- oder Kaffeepulver
3 EL Zucker
2 EL Amaretto
250 g Mascarpone
100 g saure Sahne

Biskuit wie oben beschrieben zubereiten, dabei noch 1 EL Kakaopulver zusammen mit dem Mehl auf den Teig sieben und unterziehen. Biskuit backen. Für die Creme Espressopulver in 4 EL heißem Wasser auflösen. Zucker und Amaretto zufügen und verrühren. Mascarpone und saure Sahne unterheben. Biskuit waagerecht halbieren, etwas Creme auf die untere Biskuithälfte streichen. Oberen Boden darauf setzen. Rest Creme auf die Torte streichen und mit etwas Kakaopulver übersieben.

Schoko-Dukaten

machen Frühlingsgefühle

20 Minuten + 10 Minuten Backzeit | Für 20 Stück

Für den Mürbeteig

125 g Butter
75 g Zucker
250 g Weizenmehl Type 405
1 Pck. Vanillezucker
1 Ei

Für die Deko

150 g Zartbitterkuvertüre
150 g weiße Kuvertüre
15 g Kokosfett
ca. 20 essbare Blüten (z. B. Gänseblümchen oder Stiefmütterchen)

Außerdem

Mehl für die Arbeitsfläche

1. Backofen auf 200 °C (Ober-/Unterhitze) vorheizen. Butter in Stückchen, Zucker, Mehl, Vanillezucker und Ei rasch zu einem glatten Teig verkneten. Teig auf bemehlter Arbeitsfläche ausrollen und etwa 20 Kreise (à 6 cm Ø) ausstechen. Kreise auf ein mit Backpapier belegtes Backblech legen und 8–12 Minuten backen. Auskühlen lassen.

2. Kuvertüren getrennt über einem warmen Wasserbad schmelzen, dabei zu der weißen Kuvertüre das Kokosfett geben. Plätzchen durch die Kuvertüren ziehen, gut abtropfen lassen und auf Pergamentpapier setzen. Nach Belieben die Kuvertüre auch in Linien darüberziehen. Blüten darauf verteilen und die Kuvertüre fest werden lassen.

Variante Erntedank-Schoko-Türmchen

± 0 Minuten

300 g Zartbitterkuvertüre
1 EL Haselnusskerne
1 EL gebrannte Mandelkerne
1 EL getrocknete Berberitzen (z. B. aus dem Reformhaus)

Teig wie oben beschrieben zubereiten und 21 runde Kekse daraus backen. Zartbitterkuvertüre über einem warmen Wasserbad schmelzen. Abgekühlte Kekse durch die Kuvertüre ziehen und jeweils drei Kekse zu einem Türmchen zusammensetzen. Haselnusskerne und gebrannte Mandelkerne grob hacken. Mit den Berberitzen auf die Türmchen streuen. Kuvertüre fest werden lassen.

Register

E

F, G, H

J, K

L

T

U, V

W

X

Z

Impressum

Produktmanagement: Doreen Brodowsky
Textredaktion: Jutta Schmolke
Korrektorat: Susanne Langer, M.A.
Layout und Satz: Silke Schüler
Umschlaggestaltung: *zeichenpool, München
unter Verwendung von Fotos von Maria Brinkop
Repro: LUDWIG:media, Zell am See
Herstellung: Barbara Uhlig

Texte und Rezepte: Isabell Heßmann
Fotografie: Maria Brinkop, außer Shutterstock: S. 5 (GreenArt), S. 8 (vi mart), S. 12 (Iryna Melnyk), S. 13 (koss13), S. 14 (Ina Ts), S. 15 o. l. (NatashaPhoto),S. 15 o. m. (mnimage), S. 15 o. r. (Africa Studio), S. 15 u. (135pixels), S. 17 o. (ch_ch), S. 17 u. (GreenArt)

Printed in Slovenia by Florjancic

Unser komplettes Programm finden Sie unter
www.christian-verlag.de

Alle Angaben dieses Werkes wurden von der Autorin sorgfältig recherchiert und auf den neuesten Stand gebracht sowie vom Verlag geprüft. Für die Richtigkeit der Angaben kann jedoch keine Haftung übernommen werden.

Die Deutsche Nationalbibliothek verzeichnet diese Publikation in der Deutschen Nationalbibliografie; detaillierte bibliografische Daten sind im Internet über http://dnb.d-nb.de abrufbar.

ISBN 978-3-95961-099-5

★★★★★

Sind Sie mit diesem Titel zufrieden? Dann würden wir uns über Ihre Weiterempfehlung freuen.
Erzählen Sie es im Freundeskreis, berichten Sie Ihrem Buchhändler oder bewerten Sie bei Onlinekauf. Und wenn Sie Kritik, Korrekturen, Aktualisierungen haben, freuen wir uns über Ihre Nachricht an Christian Verlag, Postfach 40 02 09, D-80702 München oder per E-Mail an lektorat@verlagshaus.de

Wir bedanken uns ganz herzlich bei „Nostalgie im Kinderzimmer“ für die freundliche Unterstützung mit Produkten aus ihrem Sortiment.
www.nostalgieimkinderzimmer.de

Die aufgeführten Rezept-Varianten beziehen sich immer auf das darüberstehende Rezept, ebenso die Zeitangaben.